L'ESPRIT DE SENEQVE;

OV

LES PLVS BELLES penſées de ce grand Philoſophe.

Par Monſieur DE LA SERRE, *Conſeiller ordinaire du Roy en ſes Conſeils & Hiſtoriographe dé France.*

A PARIS,

Chez ANDRE' SOVBRON, Libraire Ordinaire de la Reyne, au Palais, à l'entrée de la Gallerie des Priſonniers à l'Image N. Dame.

M. DC. LVII.

Auec Privilege du Roy.

A MESSIRE

CLAVDE DE REBE'

ARCHEVESQVE ET
Primat de Narbonne.

CONSEILLER DV ROY en ses Conseils, Commandeur de ses Ordres, Ministre d'Estat & President nay des Estats de Languedoc.

ONSEIGNEVR,

J'auouë que mon interest m'a persuadé de vous dedier cét

ã ij

ouurage , puis que
l'honneur qui m'en de-
meure est la plus gran-
de recompense que j'en
pouuois esperer ; ce
n'est pas que vostre
merite n'ait esté mon
objet ; mais comme en
cella il deuoit faire
toute ma gloire , ie suis
contraint de confesser
que ie lay regardé auec

les yeux d'vne amour
propre. Ie n'ay point
de honte de le dire
MONSEIGNEVR , ie
me suis consideré le
premier dans ce deuoir
que ie vous rends, auec
d'autant plus de rai-
son , que ie ne pouuois
m'en à quitter qu'en
honnorant en vostre
personne , toutes les

vertus enséble. Voftre
pieté eft fi exemplaire
qu'on pourroit foute-
nir qu'elle na point de-
xemple: voftre fageffe a
fait des difciples qu'on
admire tous les iours
en pratiquant les pre-
ceptes que vous leur
auez donnez: on voit
bien que voftre probité
vous a feruy de guide

dans la longue carriere
de voftre belle vie ,
puis que vous n'auez
iamais fait vne fauce
demarche ; voftre fide-
té tant defois efprou-
uee , a receu des elo-
ges de la voix publi-
que , dont le bruit fe
faira entendre à tous
les fiecles. Ie ne par-
leray point des feruices

que vous auez rendu
à l'Estat, l'Histoire
en a desjà consacré
le souuenir. Qui ne
sçait pas MONSEI-
GNEVR, que la fortu-
ne n'a rien contribué à
la vostre, puis que la
Iustice en a ietté les
fondemens sur vostre
vertu, pour les ren-
dre inebranlables. Ie

*ne diray rien encore de
cette heureuse retraite
que vous faites au-
jourd'huy, à la veuë
de toute la France, en
sortant glorieux d'une
assamblee, composee
d'autant d'Hommes Il-
lustres, qu'il y auoit
de Prelats. C'est assez
que tout le monde sca-
che que comme vous y*

auez presidé par vo-
stre merite, plutost que
par vostre ancieneté ,
vous meritez en par-
ticulier les loüanges
qu'on doit à tous en-
semble. Ces veritez
MONSEIGNEVR, m'ont
obligé à mettre ce liure
en lumiere, sous la fa-
ueur de vostre pro-
tection , dans la crean-

ce où ie suis qu'il fera connoistre mon nom aussi loing que la Renomee a porté le vo- stre, c'est l'interest

MONSEIGNEVR,

De Vostre tres-humble &
tres obeissant seruiteur,
P. DE LA SERRE.

PREFACE.

Ncore qu'il y ait trois sortes de bien, l'honneste, l'vtille, & le delectable, j'auoüe sans vanité que le premier a esté toûjours mon objet, dans le dessein de mettre cet ouurage en lumiere, laissant les deux autres au lecteur par le profit qu'il luy en peut reuenir, & par le contentement qu'il en doit receuoir. Comme on ne sçauroit toucher le baul-me sans en retenir l'odeur, la gloire qui accompagne cét ouurage me demeure pour recompense; Et ie la croy d'autant plus grande, que le public y trouuera & sa satisfaction, & son vti-lité. Qui ne sçait pas que la Morale de Seneque con-sole autant d'affligez que sa Politique fait de sages, & que c'est dans son école, ou les plus cellebres Pre-dicateurs, & les plus fa-meux Aduocats ont apris l'art de conuaincre l'efprit, & de perfuader la volonté par la force de la raifon, plutoft que par les charmes de l'éloquence. Ce qui ma obligé de mettre en preceptes le plus belles penfées de ce grand Philofophe, pour ioindre le profit de l'inftruction qu'on en peut tirer, au plaifir de lalecture qu'on en doit faire. Ie n'y ay rien contribué que le langage, auec le tour des periodes, fcachant que leur mefure fait de certains tons pour

l'oreille, d'autant plus ad=
mirables en leur douceur,
que la Musique ne les connoist pas.

L'ESPRIT

DE

SENEQVE,

OV

Les plus bellles penſées de ce grand Philoſophe.

Eluy qui reproche la faueur qu'il a faite, en aquitte celuy qui l'a receuë.

Les bienfaits ne changent

iamais de nature, & quoy que
les ingrats en perdent le fou-
uenir, ils n'en sçauroient ef-
facer la gloire.

Quand on reconnoist fort
tard vn seruice important, on
en demeure toujours redeuable.

Celuy qui fait le bien pour
la recompense qu'il en espere
ne la merite pas.

Il faudroit connoistre le
cœur de celuy qui nous fait
vn present, pour sçauoir la
juste valeur.

Celuy qui tient conte de
ses bienfaits, en perd le merite.

Les bienfaits ont cela de

propre qu'ils nous suiuent au delà du Tombeau, apres en auoir exempté noftre nom.

Ce n'eft pas fans raifon que les trois graces font infeparables. L'vne donne le bienfait, l'autre le reçoit, & la troifiefme le rend.

Vn pauure liberal, & genereux, accufe la fortune d'injuftice.

Celuy qui oublie le bien qu'on luy fait, fe rend indigne du bien qu'on luy peut faire.

Il faut confiderer le prefent qu'on reçoit, par le merite de celuy qui le donne.

Le regret continuel de ne

pouuoir se reuancher d'vne
grace reçeuë, en est vne re-
connoissance continuelle.

Æschynes n'ayant rien a
donner, se donna luy mes-
mes ; mais Socrate qui en re-
çeut le beau present encherit
sur cette grande liberalité,
puis qu'apres luy auoir apris
tout ce qu'il sçauoit, il le ren-
dit à luy mesme, c'est a dire
Æschynes, à Æschynes.

Le fils en sauuant la vie à
son pere, luy donne beau-
coup plus qu'il n'a reçeu de
luy, parce que la vie est plus
necessaire à celuy qui vit, qu'a
celuy qui n'est pas encore nay.
Tout ce qu'on donne sans

raiſon eſt perdu.

L'importunité reçoit ſouuent des faueurs qu'elle n'obtient pas.

Vne reconoiſſance forcee paſſe pour ingratitude.

La liberalité ne ſe connoit point à la mort, parce qu'on donne ce qu'on ne peut emporter.

Ce n'eſt pas aſſez de faire vn preſent, en reuanche d'vn autre, la vraye reconnoiſſance va juſques au zele de celuy qui l'a donné.

Celuy qui fait plaiſir, apres en auoir receu, s'aquitte d'vne debte.

Quand les bienfaits font des

ingrats, cette bonne femence
à trouué vne terre infertile.

Celuy qui a pouuoir de nuire, fait du bien, quand il ne
fait point de mal.

Le liberal fe fait aymer par
force, par ce que tous fes dons
font autant de liens, dont il
enchaine les cœurs.

Celuy qui fait du bien à vn
ingrat eft vrayment genereux.

Celuy qui fe rejouit des
prefens qu'on fait à fon prochain, fe peut dire auffi liberal que celuy qui les donne.

On commence de s'aquit-
ter d'vn bienfait receu, quand
on s'en fouuient.

Les bienfaits font comme

les ruiſſeaux, ils retournent à leur ſource.

Le preſent ferme la bou-che de celuy qui le fait, & l'ouure à celuy qui l'a receu.

Celuy qui attend la mort de ſon pere auec impatience, en eſt le Paricide.

Il faut donner le plaiſir, au lieu de le preſter.

L'eſperance de la recon-noiſſance en oſte le prix.

Ceux qui enuient le bien d'autruy s'en rendét indignes.

Il y a de l'ingratitude à re-mercier ſans témoins.

Les amis ſe font voir dans la bonne fortune; mais ils ne ſe connoiſſent que dans la mauuaise.

Qui donne pour receuoir, ne donne rien.

Celuy qui cherche l'occasion de se reuancher d'vn bienfait, se peut dire aussi reconnoissant que celuy qui l'a trouue.

Vn plaisir qu'on fait à tout le monde n'oblige personne.

Il faut imiter les Dieux qui ne se lassent iamais de bien faire, quoy qu'on oublie leurs bien-faits.

Les hommes genereux ont le cœur d'vne si noble trempe, qu'ils ne peuuent souffrir de comparaison qu'auec eux-mesmes.

Le bienfait eſt vn fruit, dont on fait la recolte en le ſemant.

Celuy qui refuſe vn grand preſent eſt plus genereux que celuy qui le donne.

Vn bienfait n'eſt iamais perdu, quoy qu'vn ingrat le reçoiue, parce que Dieu le recompenſe touſiours.

Vn ingrat ſe reuanche ſans y penſer de ſon bienfacteur, parce que ſon ingratitude fait foy de la grace qui l'a deuancée.

Vne main prodigue diminuë de beaucoup le prix de tout ce qu'elle donne.

Quand la volonté d'obliger eſt connuë, elle tient lieu

d'obligation.

Ceux qui font ingrats enuers Dieu, le font toufiours enuers les hommes.

Vn plaifir eft payé, quand il eft receu de bonne grace.

Dieu permet que les ingrats foient punis par leurs femblables.

Il faut donner, pour auoir le plaifir feulement d'auoir donné.

Le grand nombre des ingrats eft auiourd'huy la honte de l'ingratitude.

L'Ame eft toute à foy ; quoy que le corps où elle eft enchainée foit efclaue.

On s'aquitte d'vn plaifir,

auant qu'on le reçoiue, quand on le demande deux fois.

Vn seruiteur peut obliger son maistre quand il fait pour luy plus qu'il ne doit.

Comme l'amour propre fait l'interest, tout le monde est interessé.

Celuy qui donne pour receuoir ne donne rien.

Encore qu'il n'y ait point de loy pour punir les ingrats, l'horreur qui accompagne l'ingratitude fait son suplice.

Diogene estoit plus grand qu'Alexandre, puis que celuy-cy en possedant tout, n'auoit rien à donner qui fust digne de l'autre.

Et l'on peut dire qu'il triom-
pha sans combat de cest in-
uincible, en luy faisant voir
vn homme à qui il ne pouuoit
rien prendre, ny rien donner.

Il y a plus de honte de donner sans raison, que de n'estre
pas remercié du present qu'on
fait, parce que cette derniere
action depend d'autruy, &
l'autre de nous.

Les Dieux dont la nature
est vne source inepuisable de
toute sorte de biens, ont tousiours les mains ouuertes pour
donner.

Si l'on ne rend de bonne
grace le plaisir qu'on a receu
on en demeure tousiours re-

deuable.

Chacun ayme ſes bienfaits? d'où vient que chacun prend plaiſir de voir ceux qui les ont receus.

L'ingrat l'eſt enuers luy-meſme ſans y penſer.

La mechanceté ne plaiſt à perſonne ; mais c'eſt l'vtilité qui en reuient.

C'eſt vne iuſtice de nature de reconnoiſtre le bien qu'on nous fait.

Il ne faut iamais aller pour le ſalaire, où nous ſommes apelez par le deuoir.

Quand on eſt intereſſé dans les bienfaits on en change la nature.

Comme le bien porte ſa recompenſe auec ſoy, il faut obliger tout le monde, puis qu'on ſe ſatisfait touſiours le premier.

La memoire de Ciceron fit Conſul ſon fils.

Tous ceux qui ont porté le nom de Pompée ont eſté grands par la vertu de ce nom; ce qui nous fait voir que le bien de la reputation peut eſtre hereditaire.

Les vertus ont cela de propre de ſe faire honorer abſentes, auſſi bien que preſentes.

Ceux qui ont obligé pluſieurs Siecles ont droit d'eſperer la reconnoiſſance de tous.

Quand la gloire a conſa-
cré vn nom de ſa propre bouche, ceux qui le portent bril-
lent de l'eclat, dont il eſt en-
uironné.

La Fortune ne donne point
de caution de ce qu'elle promet.

Le grand Fabius ſe fit autant d'eſclaues qu'il racheta
de priſonniers, puis qu'il aſſu-
ietit leurs ames, en donnant la
liberté à leurs corps.

Celuy qui a inuenté les bienfaits a trouué l'art de faire
des chaiſnes que le Temps
ne ſçauroit vzer & que la
forçe ne peut rompre.

Si toutes les fautes eſtoient punies en ce monde, l'on auroit de la peine à croire qu'il y euſt vn enfer dans l'autre.

Si l'enuie n'eſtoit touſiours aux mains auec la vertu, l'on en mepriſeroit les couronnes.

Puis que Dieu nous apelle en ce monde, nous n'en pouuons ſortir ſans ſon conſentement.

Quand l'eſprit & le corps portent tous deux enſemble la chaine d'vne penible vie, le fardeau n'en eſt pas peſant.

Si Caton euſt ſouffert de bonne grace ſa mauuaiſe fortune, la verité euſt fait de ſa propre bouche, l'eloge que la flatterie luy a donné.

La maniere de souffrir le mal qui nous arriue l'augmente, ou le diminuë.

Vn homme toûjours heureux, ne donne de la jalousie qu'aux imprudens, puisque chaque iour de calme, marque la veille d'vne tempeste infalible.

Vn homme qui n'a iamais esté aux prises auec la Fortune, à raison de se chercher en luy-mesme, puis qu'il ne s'est pas encore trouué.

Il faut auoir plus de courage pour se deffendre contre la bonne Fortune, que contre la mauuaise.

B

La vertu ne fait que montre de ses couronnes : il les luy faut arracher des mains pour les meriter.

Comme la tempeste est l'escole des Pilotes, la mauuaise fortune est celle des grands courages.

L'homme vertueux à de la peine à supporter le calme d'vne vie tranquille, parce que sa vertu est oysiue.

Tous les miroirs flatent excepté celuy de la mauuaise fortune, parce que celuy-là seul nous represente au dehors, tels que nous sommes au dedans.

Tout ce que la nature

change en couſtume ſe rend ſuportable.

La neceſſité adoucit les maux incurables.

Le plaiſir & la douleur ſe confondent enſemble ; parce qu'ils ſont formez dans vn meſme moule.

Si l'homme juſte eſtoit recompenſé de toutes les bonnes actions qu'il fait en ce monde, il n'auroit rien à eſperer dans l'autre.

Quand la Fortune nous priue du bien qu'elle nous a donné, on ne peut pas dire qu'elle nous l'oſte, ſi nous le luy rendons de bonne grace.

Le sage marche toûjours son pas, dans quelque chemin qu'il se trouue, & regarde d'vn mesme œil les diferens visages de la Fortune.

Dieu nous fait naistre libres, afin que nostre cœur puisse deuancer la main, en luy donnant ce qu'il desire de nous.

Il faut faire de bonne grace, ce qu'on doit faire necessairement.

Quoy que le sort des Astres soit diferent du nostre; comme ils sont enfermez dans le cercle des aages, ils vieillissent à leur façon, de mesme que nous.

La vertu heroique se fait vn chemin qui n'est frayé que d'elle-mesme.

La grace de souffrir constamment les malheurs qui nous arriuent, est preferable à la faueur d'estre toûjours heureux.

Dieu n'a point donné des armes à la Fortune pour blesser nostre esprit, d'où vient qu'il peut viure en repos malgré elle.

Celuy qui connoist les miseres de la vie, méprise les douleurs de la mort.

Ceux qui cherchent le repos en ce monde, ny trouuent que le regret d'auoir perdu leur temps.

Celuy qui ne fouhaite rien poffede tout.

Quelle aparence qu'on fe doiue fâcher, quand on arriue au lieu d'ou l'on s'aproche, depuis le moment qu'on aprend à marcher.

C'eft vne folie de craindre ce que l'on ne peut euiter.

Si l'exemple perfuade plus que la raifon ; comme il n'eft point d'objet plus fenfible que celuy de la mort, c'eft auoir mauuaife grace, de fe faire trainer à la fuitte de ceux qui marchent volontairement.

Tous les diuers chemins

de la vie aboutiſſent à la mort, & c'eſt inutilement qu'on regarde apres ſoy quand on marche, tout le chemin qu'on a fait n'eſt plus a conter.

Il n'importe combien de temps on a veſcu, vne mort heureuſe eſt touſiours deuancée d'vne longue vie.

Quand le dernier pas de la courſe eſt couronné, on ne tient plus conte de ceux qui les ont deuancez.

L'horreur du Tombeau n'eſt point a craindre, puis qu'on y entre ſans ſentiment.

La ſepulture a eſté inuentée pour l'amour des viuants

pluftoft que pour l'intereft
des morts, puis que ceux-cy
feroient horreur aux autres.

Vn grand courage ne fe
dement iamais, fa force fe
connoift dans vn lict, auffi-
bien que dans vne bataille.

L'on ne conte point fon
aage à la fuitte de la vertu,
puis qu'en la fuiuant on ne
releue ny du Temps, ny de la
Fortune.

Il faut donner à la raifon
ce que l'importunité pourroit
exiger de nous, afin de nous
fatisfaire les premiers.

La vraye generofité in-
quiete l'efprit, en prefence
de ceux à qui l'on eft rede-

uable , iufques à ce qu'on fe
foit aquitté.

Vn homme genereux par-
tage toûjours le plaifir qu'il
fait , auec celuy qui le reçoit.

Vn bien n'eft iamais per-
du , luy mefme fert de recompenfe à celuy qui le fait.

Vn riche auare eft le plus
miferable du monde , puis
qu'il croit eftre pauure dans
fon abondance.

A mefure que l'auare rem-
plit fon coffre d'argent , il
remplit fon ame d'inquietude
puis que fon auarice luy fait
chercher le repos dont il iouyt.

Celuy qui s'eft garanty du

naufrage, apres auoir perdu son bien, n'a pas sujet de se plaindre de la Fortune.

Les amis de table ne durent qu'autant que le festin.

Vne femme qui s'aime trop, ayme fort peu son mary.

Vn homme qui se met souuent en cholere, n'est raisonnable que par interuale.

Le silence de celuy qui excite la cholere, à la vertu de l'apaiser.

La cholere ne reussit que par hazard en tout ce qu'elle faict, parce qu'elle est aueugle.

Il faut considerer vn homme en cholere, comme vn

malade de la fievre chaude,
l'vn & l'autre font à plaindre
& à fuir.

Vn Iuge fe doit depoüiller
de toute forte de paffions,
quand il exerce fa charge,
parce que leurs mouuemens
dereglez empefchent qu'il ne
tienne la balance en fon equi-
libré.

Quand vn Iuge fe met en
cholere, il fe rend partie.

Vn Iuge ne doit auoir d'autre emotion, quand il condamne à mort vn mal-fai-
cteur, que celle qu'il a lors
qu'il écrafe la tefte d'vn fer-
pent.

Quoy que la cholere foit

capable de tout entreprendre, elle fait d'ordinaire beaucoup plus de bruit que de
mal.

Si la cholere est aueugle,
elle n'est pas moins sourde,
puis qu'elle n'entend iamais
raison.

La cholere en fureur ne
trouuant point d'objet capable de l'arrester, se deuore
elle mesme, en destruisant le
cœur ou elle se forme.

Celuy qui se rend maistre
de ses passions, a trouué le
repos que tout le monde
cherche.

Les meschans sont punis,
& pour le mal qu'ils ont fait,

& pour celuy qu'ils peuuent faire.

La cholere quelque puiſ-ſante qu'elle ſoit, n'entreprend rien de grand ny de beau.

Vn homme cholere à le cœur mal placé.

Vne belle ame n'a point de paſſion qui la maiſtriſe, puis qu'elle ſe poſſede elle-meſme.

Caligula apaiſa vn iour ſa cholere, au bruit du tonner-re, croyant que Iupiter le luy commandoit, puis qu'il fai-ſoit plus de bruit que luy.

La cholere eſt vn mal in-curable ſi l'on ne s'ordonne ſoy-meſme les remedes pour en guerir

Encore que la cholere puisse surprendre les plus sages elle n'en triomphe iamais.

Quand vn homme tire vanité de ses deffauts, il se couronne de sa propre honte.

C'est manquer de raison, de se plaindre d'vn homme, pour auoir manqué de courage.

La valeur peut estre persuadée, mais il faut que la nature en donne les premiers sentimens.

Comme la cholere est aueugle, on ne sçauroit approuuer ce qu'elle faict, puis qu'elle ne reüssit iamais que par hazard.

Celuy qui se faict craindre, defend qu'on l'ayme.

Vn homme qui se rend redoutable à tout le monde, n'est aymé de personne.

Ceux qui se font craindre partagent la crainte qu'ils donnent, auec ceux qui l'ont.

Le moyen de se faire aymer, c'est d'auoir de l'amour ou veritable, ou feinte.

Vn homme cholere se met en danger de broncher, aussi souuent qu'vn aueugle, puis que tous deux le font également.

Le moyen d'euiter la cholere c'est de penser continuellement aux malheurs qu'elle nous a causez.

Nous pouuons deuenir sa-ges au souuenir de nos folies passées.

Si la iuste cholere n'a rien en soy d'agreable ! iugez si celle qui est injuste, est accompagnée d'horreur.

La complaisance qu'on a pour vn enfant, luy enseigne à se mettre en cholere quand on luy refuse quelque chose.

L'on ne se peut dire innocent d'vne faute qu'on n'a sceu commettre.

Celuy qui preste l'oreille à la flaterie, la ferme à la verité.

Quand

Quand on reproche les vices d'autruy, on oublie les siens propres.

Il faut hayr les crimes, & les coupables.

Le Iuge qui a commis autre fois les mesmes fautes qu'il chastie, en doibt imposer vne douce punition.

La calomnie ne touche point vn homme d'honneur.

Celuy qui offence son prochain sans subjet, s'offence le premier.

Le pouuoir de nuire à son prochain, acroit le merite de celuy qui ne s'en sert pas.

La cholere est loüable contre vn ennemy puissant, & *De la cholere.*

honteuſe contre vn ennemy vaincu.

Il y a beaucoup plus de gloire d'oublier vne injure receuë, qu'à s'en vanger.

La reſiſtance allume le feu de la cholere, & la ſoubmiſ-ſion l'eſteint.

Sylla fiſt ſes efforts pour éterniſer ſa vengeance, quant il priua des charges publiques les enfans de tous les proſ-cripts.

C'eſt auoir la malice d'vn demon de faire ſucceder nos enfans, à la haine que nous auons contractée contre noſtre prochain.

Si l'on pouuoit auoir la

memoire remplie des malheurs que la cholere a causez, on triompheroit sans peine de cette passion.

Il n'appartient qu'aux furies de peindre la cholere, en se peignant elles mesmes.

La cholere est si effroyable, qu'elle deplaist à ceux mesme à qui elle est vtile.

L'on ne doibt pas s'estonner si vn homme qui se regarde au miroir dans sa cholere, ne se connoist pas, puis qu'elle desguise si fort, que luy-mesme se prend pour vn autre.

Le regne de la cholere est d'autant plus redoutable,

qu'il eſt de courte dürée.

Quand on veut apaiſer ſa cholere, il faut s'eſloigner de l'obiect qui l'excite.

Celuy qui peut prendre terme pour executer ce qu'il a reſolu dans ſa cholere, trouue le moyen de s'en rendre le maiſtre.

La cholere furieuſe deuore le cœur qui la produit.

La cholere a tué plus d'hommes, que toutes les autres paſſions enſemble.

Le ſage meſconnoit la vengeance, parce qu'il eſt inſenſible à l'iniure.

Les vertus heroyques ne connoiſſent les paſſions que

pour les vaincre.

Quand vn homme de baſſe condition nous offence, ſa qualité ſeruile le doit excuſer & nous ſatisfaire, & lors qu'vne perſonne d'eminente condition nous choque, on peut s'eſleuer au deſſus de luy, en oubliant cette iniure.

Il ne faut iamais exciter la cholere de celuy qui n'eſt pas maiſtre de cette paſſion.

L'amitié d'vn homme cholere n'eſt pas de longue durée.

Comme chacun a ſa paſſion qui le domine, il eſt mal-aiſé de plaire à tout le monde.

L'orgueilleux nous mesprise, l'insolent nous outrage &
l'enuieux mesdit de nous ,
mais l'estude de la sagesse ap-
prend le moyen qu'il faut tenir pour trouuer vn milieu
dans ses extremités, ou l'on se
trouue reduit.

Le complaisant est insuportable, parce qu'en approu-
uant tout ce qu'on dict, on
n'a pas subjet de s'entretenir
auec luy.

La cholere qui donne la
liberté de raisonner change
de nom , dans sa maniere
d'agir.

Le seul moyen de maitri-
ser sa cholere , c'est de remet-

tre au landemain l'excecution
de ce qu'elle a resolu.

Socrate trouua le moyen
de se rendre maistre de la
cholere en ne suiuant iamais
le Conseil qu'elle luy donnoit.

Vn homme cholere n'est
capable de rien.

Simonidez parloit peu
quand il estoit en cholere,
parce qu'il vouloit maistriser
cette passion par son silence.

La patience amolit la chaisne qui ne se peut rompre.

L'aueuglement de la cho-
lere se connoist en ce qu'elle
prend souuent son témoin
pour sa partie ; comme si celuy
qui la regarde l'auoit excitée.

Caligula estoit en cholere, quand il ne trouuoit pas le moyen de si mettre.

L'aage excuse l'enfant, le sexe la femme, la familiarité le domestique, & la raison plaide pour tous.

Quand le sage nous offence, son repentir infallible nous doibt satisfaire, si c'est vn fol on l'est plus que luy de s'en vanger.

Il n'est point de grande faute, qui ne trouue son excuse.

La cholere n'offense iamais parce qu'elle est aueugla en tout ce qu'elle faict.

Quand vn homme nous

offence sans subiet, sa folie qui l'excuse nous doit satisfaire.

Celuy qui se repend d'vne faute commise, desarme celuy qui s'en deuroit vanger.

Quand la cholere se réueille auec nous apres nous estre endormis auec elle, son defaut n'est plus excusable.

Encore que l'aage modere la chaleur du sang, qui anime l'ardeur de la cholere, si la raison n'en amortit le feu, ses estincelles sont toûjours à craindre.

Vn homme cholere ioüe en tout temps son personnage, parce que tous les lieux du monde luy seruent de theatre.

Si la raison n'esteint le feu de la cholere, il se ralume toûjours.

La cholere nous faict plus de mal qu'à celuy qui l'excite.

Ceux qui estudient nostre humeur, n'ont pas de peyne à gaigner nostre amitié, mais quand la raison est nostre fauorite, nous n'auons que des sages fauoris.

Iules Cæsar s'estonna quand il vit ses plus confidens armez contre-luy, mais il ne sçauoit pas que la tirannie n'a point de veritables amis.

Si la Cholere ne nous surprenoit-pas, elle auroit de la peine à nous vaincre.

Celuy qui se met en cholere est tousiours iniuste, parce qu'il vze de violence, au lieu de mettre en vsage la raison.

Si la cholere ne nous aueugloit de son bendeau, elle ne feroit pas de nous ce qu'elle faict.

La cholere naissante est vne disposition à la folie, puisqu'on perd la raison, à mesure que cette passion s'augmente.

L'homme cholere cherche inutilement le repos de la vie, puisque cette passion ex-

cite l'orage au milieu du calme dont il iouyt.

Vn homme n'a iamais rai-
son de se mettre en cholere,
parce que cette passion ne
sçauroit le contenter.

La cholere n'est bonne
que pour l'executon , mais
non pas pour le commande-
ment.

Celuy qui fait comparoistre
tous les iours ses passions deuant luy , deuiendra bien tost
parfait.

Le repos de la vie presente
ne consiste qu'au regret du
desordre de la vie passée , &
à la resolution de reigler celle
qui est à aduenir.

Il faut connoiſtre vn homme auant que de le reprendre, parce que ſouuent la
correction choque ſon eſprit
au lieu de l'eſclairer.

Vn homme cholere n'a
point d'amis, puis qu'il en
perd autant qu'il en fait.

Il faut que le ſujet qui excite la cholere ait quelque
proportion auec elle, pour
en euiter les reproches.

Le ſilence a la vertu d'ap-
paiſer le bruit de la cholere,
parce qu'elle eſt contrainte
de ſe taire, ne ſçachant à qui
parler.

Celuy qui ſe met en cho-
lere pour peu de choſe, eſt

au deſſous d'elle.

Quand vn Prince ſe met en cholere, il ſe rabaiſſe iuſques à la condition de celuy qui l'a excitée.

Les Poëtes ne nous ont iamais repreſenté Iupiter en cholere lors qu'il auoit la foudre à la main, parce qu'il euſt eſté capable d'embraſer tout le monde dans vn deluge de feu.

Il faut ſe faire aymer de tous durant la vie, ſi l'on veut eſtre regreté de tous apres la mort.

Celuy qui ſe mettra en cholere contre luy-meſme de ne pouuoir dompter cette paſ-

sion, en sera bien-tost le maistre.

Le calme des passions n'est
pas de longue durée dans
vne puissance absolüe.

Celuy qui fait grace indi-
feremment à tout le monde,
est aussi cruel que celuy qui
ne la faict à personne.

Rome cessa de comman-
der, quand elle cessa d'obeyr.

Encore que toutes les vertus soient également parfai-
tes, la clemence enchaisne
les cœurs auec des liens qui
ne se rompent iamais.

On peut oster la vie au
plus grand homme du monde;
Mais on ne la peut don-

ner qu'à son inferieur.

Les Roys doiuent estre soigneux à cacher leurs deffauts, parce que tout le monde les regarde.

Comme les Roys sont naiz grands, ils sont obligez à faire des choses grandes, pour ne dementir-pas leurs conditions.

Vn Roy ne sçauroit se cacher à ses propres yeux, soubs quelque habit que la fortune le deguise, parce que l'esclat de son caractere luit toûjours dans son ame.

La clemence se faict aymer, de ceux mesme qui n'ont de l'amour pour personne.

Sylla

Silla cessa d'estre cruel, quand il cessa de viure : puis qu'il jetta ses derniers regards sur la victime que ses dernieres paroles auoient faict immoler.

Encore que le Temps ruine toutes choses, il a de la veneration pour les Autels qu'on erige à la clemence.

Neron le plus cruel de tous les hommes, ne reçeust iamais vn plus honteux reproche que celuy qu'on luy fit d'estre nay au monde pour sa ruine.

Vn Prince cruel doit craindre tout le monde, parce que tout le monde le hait.

Que la vie d'vn Roy doit

eſtre belle, & pretieuſe, quand
tous les ſubjets ne font que
des veux pour en prolon-
ger les iours.

Il n'eſt point de plus grand
plaiſir que celuy d'en faire à
tout le monde.

Les Roys ne doiuent point
balencer leur clemence auec
leur Iuſtice ; celle-cy ſe plaint
fort rarement que l'autre la
ſurmonte.

Quand' Alexandre fit ietter
Liſimachus dans la foſſe aux
lyons ce Monarque en auoit
la cruauté & la fureur, puis
qu'en prononçant ce cruel Arreſt il le deuoroit luy-meſme
& de volonté, & de penſée.

Comme la clemence est la vertu des ames genereuses, la cruauté est le vice des hommes lasches.

L'amour de la vertu, & la haine du vice, font la vraye felicité icy bas.

Le mepris de toutes les delices perissables, produit vne ioye dans l'ame qui dure tousiours.

L'on ne peut estre heureux qu'apres s'estre esleué au dessus de la fortune; & c'est vne place que la vertu seule peut donner.

La bonne & la mauuaise concience font le repos ou l'inquietude de l'esprit.

La volupté ne charme pas toufiours les fens, ils veulent du relafche dans les plaifirs qui leur font affectez, puis que la continuation les laffe.

Le corps veut prendre halaine dans les delices; Et comme l'ame a fes plaifirs tous differends, elle fe contente à fa façon.

Si la vertu ne produit noftre ioye, elle n'eft pas de longue durée.

La volupté n'a iamais faict que des malheureux, & des miferables.

La trifteffe a fes plaifirs auffi bien que la ioye.

Le bonheur de la vie confifte

à bien viure pour bien mourir.

Tout le monde peut-estre
heureux, puisque la bonne vie
faict la bonne fortune.

Les plaisirs innocens font
la felicité de la vie.

Le premier essay des fers
est dur & insuportable, la
seconde espreuue en dimi-
nuë le poids, & l'habitude à
les porter en rend à la fin la
douleur insensible.

Le premier iour d'vne prison est de plus longue durée
que tous les autres.

Le Temps amolit les cho-
ses dures, élargit les serrees &
en nous apprenant de porter

les pesantes il en diminuë le poids.

Policrates querelloit la fortune pour l'auoir comblé de ses faueurs.

Les malheureux n'ont rien à craindre, & tout à esperer. Le plus malheureux du monde c'est celuy qui ne l'a iamais esté, puis que sa longue bonnace est vn presage infalible d'vne grande tempeste.

Quand on se console des malheurs dont on est menacé auant que d'en receuoir l'attainte, elle n'est plus à redouter.

Celuy qui tient à loüage de la fortune, du jour à la

journée tout le bien qu'il possede, n'aprehende point de le
perdre.

Celuy qui ne vit qu'en paf-
sant dans le monde, y passe sa
vie en repos.

Lors que la Fortune nous
afflige iusques au point qu'elle
mesme ne sçauroit nous consoler, il faut demander à nostre courage le remede qu'elle
nous refuse.

Ceux qui ne sçauent pas
mourir, nous font voir qu'ils
n'ont iamais sçeu viure.

Celuy qui pretend à l'im-
mortalité regarde la mort auec
joye.

Ceux qui ayment auec paf-

sion cette vie, nous persua-
dent qu'ils doutent de l'autre.

Que peut-on trouuer de
nouueau dans les afflictions, si
personne n'en est exempt.

Comme il n'est point de
malheur inconnu à nostre siecle, l'arriuée du plus estrange
ne nous sçauroit surprendre.

Nous sommes tous mar-
qués d'vn mesme caractere,
& quelque difference que la
fortune y aporte, elle s'efface
à mesure qu'on s'aproche du
tombeau, puis que la mort
nous rend tous esgaux.

Si la richesse faict nostre felicité, nous ne sçaurions mourir heureux puis que nous mou-

rons pauures.

La preuoyance du malheur qui nous peut arriuer en oste l'horreur qui l'acompagne quand il arriue.

La fortune ne peut rien oster au sage , parce qu'elle ne luy donne rien.

Quand les fauoris meritent tout le bien qu'ils possedent la fortune n'a pas faict la leur.

Il faut abandonner de bonne-heure à la fortune tous les biens qui releuent d'elle, afin de n'estre pas surpris quand elle nous les ostera.

Les sages se promenent dans le monde , comme dans vne infirmerie remplie de malades d'esprit, qu'ils prenent soin de guerir par les remedes de leur exemple.

Caton outragé, oublia auec l'outrage le nom de celuy qui le luy auoit faict.

Le prodigue de son temps, est bien plus à plaindre, que celuy qui l'est de son argent.

Celuy-cy se peut recouurer, l'autre n'a point de retour.

Celuy qui vit bien vit long-temps, puis qu'on tient compte de ses anneés par ses belles actions.

L'heureuse mort fait la longue vie quelque courte qu'elle soit.

Il est inutile de tenir compte de nos années, puis que le dernier moment de la vie doit iustifier tous les autres qui l'ont deuancé.

Celuy qui vit sans y penser, meurt de mesme.

La vie qui regarde l'aduenir, ne peut-estre malheureuse, parce qu'elle prend la posterité pour son juge.

Nous n'auons vaillanten ce monde que le peu de temps qui nous est donné pour viure ; & comme de son employ depend nostre salut, ceux qui en sont les plus mesnagers, sont les plus sages.

Chacun se propose de vi-

ure long-temps ; comme si
chacun sçauoit sa destinée.
La mort n'a ny almanach ny
horloge, le iour & l'heure de
nostre retraitte sont esgallement incertains.

Celuy qui vit pour sa me-
moire ne mourra iamais ; puis
qu'il trouue l'art de s'exem-
pter du tombeau, à mesure
qu'il s'en approche.

Le sage à ce bon-heur de
ne craindre point la mort, puis
qu'il vit pour ne mourir iamais.

Tout le monde veut de-
nenir vieux, & tout le monde abhorre la vieillesse, mais
pour viure en repos en tout

temps il le faut prendre comme il vient : la neceſſité ne faict point des loix qui ſoient violées.

Anthonius ayant cherché inutillement le repos de ſa vie, l'immola de ſa propre main, pour le trouuer dedans la mort.

Ciceron balance entre la vie, & la mort ne ſcachant s'il doibt ou viure ou mourir, mais il trouue vn ennemy qui decide ſa doute, en le ſacrifiant à ſa fureur.

Alexandre eſt redeuable de ſa gloire à ſa courte vie, parce que les fauoris de la fortune ne viuent pas long-temps en faueur.

Quand la vie seroit de la durée de mil siecles, on seroit forcé de croire au dernier jour qu'elle n'auroit duré qu'vn moment ; tant il est vray que le passé ne se compte pour rien ; quoy qu'il soit present à nostre memoire.

L'on a beau estre occupé dans diuers emplois, il faut trouuer le loisir de mourir.

Les sages ne trouuent pas de temps plus mal employé que celuy du sommeil, puis qu'il priue l'ame de toutes ses fonctions, en tenant en suspends toutes ses puissances.

Si l'on separe de la vie le

temps des afflictions d'esprit,
& des maladies du corps, &
celuy qu'on employe à dormir,
le reste est trop peu de chose
pour en tenir compte.

Quand on considere la vié
par le passé, par le present,
ou par l'auenir, on demeure
persuadé que ce n'est rien du
tout, puis que le passé n'est
plus à nous, que le present ne
se peut conçeuoir, & que l'a-
uenir est purement imaginaire.

Il n'est rien de plus pro-
digieux que le Temps, le
passé s'enseuelit luy - mesme
dans vn tombeau d'oubly : le
present ne l'est jamais, quoy

qu'il ſoit toûjours, & l'auenir n'eſt qu'incertitude.

Le monde eſt vne mer toûjours agitée des orages que la fortune y excite, & noſtre vie eſt le vaiſſeau que le temps conduit, ſans preuoir l'ecueil de ſon naufrage.

Le meſchant n'a point de plus grandes ennemies que ſa memoire & ſa conſcience ; parce que celle-cy le bourrelle en la penſée des maux que l'autre luy repreſente.

Le temps ne ſe laiſſe jamais voir, que ſous l'image d'vn inſtant, qu'à peine l'imagination peut conçeuoir ? mais le ſage ſe ſert vtilement de ſa

viteſſe ,

viteſſe, puis qu'il marche auſſi viſte que luy, à la ſuitte de la vertu.

C'eſt auoir de mauuaiſes affaires ſur les bras, quelques bonnes qu'elles ſoient, quand elles ne nous donnent pas le loiſir de penſer à nous meſmes, comme la plus importante de toute.

Le Soleil va ſi viſte, qu'ils ne ſçauroit marquer ſa place dans le Cercle où il fait ſa carriere, mais le ſage pour terminer heureuſement la ſienne ſe ſert en paſſant de ſa clarté.

Tout le monde ſe plaint de la briefueté de la vie & perſonne n'en eſt menager, l'on

paſſe ſa ieuneſſe ſans y penſer,
& quand elle eſt paſſée, on y
penſe touſiours innutilement.

Le ſage ne change point
d'alleure en s'aprochant du
tombeau: il marche touſiours
d'vn meſme pas, ſans faire iamais vne fauce demarche.

L'on ne ſçauroit aymer tout
à la fois & la vie, & la volupté,
parce que celle-cy ruyne l'autre, & le dommage de ſa ruyne eſt d'autant plus à craindre,
que la mort meſme le rend irreparable, puis qu'il faut rendre conte du paſſé.

Tout le monde ſouhaite de
viure long-temps, & de paſſer
delicieuſement ſa vie, ſans con-

*Du meſ-
pris de la
vie.*

siderer que les delices en ac-
courciſſent les iours.

C'eſt la ioye de l'ame qui
conſerue la ſanté du corps, &
c'eſt le repos de la conſcience
qui ſert de conſolation & à
l'vn & à l'autre, dans toute ſorte d'afflictions.

Si Alexandre euſt veſcu long-
temps, la fortune, ou ſes paſſions auroient diminué ſa gloire.

Ceux que le deſeſpoir fait
mourir, enſeueliſſent auec eux
la memoire de leur vie.

Quand vn homme eſt mort,
l'on ne s'enquier point de ſon
aage.

La vie longue ou courte

n'en fait pas la felicité puisque le dernier moment la donne.

Encore que la longue vie foit donnee fouuent pour recompenfe, elle peut tenir lieu de punition fi nous en employons mal le temps.

Le plus ou le moins n'eft pas confiderable en la vie quand on vit fans reproche.

La vie la plus delicieufe n'eft pas la plus heureufe, fi la raifon ne iuftifie nos plaifirs nous reffentons toft ou tard, les efpines de leurs rofes.

Ceux qui cachent leur aage, font honteux de leur vie paffée.

Encore que le temps n'ait point de retour, le paffé nous

eſt touſiours preſent quand nous l'auons bien employé, par le doux ſouuenir qui nous en demeure.

Vne vie exempte de reproche trouue ſon immortalité dans la mort.

Vne belle vie s'cloigne du tombeau en s'en aprochant comme la vie eſt vn preſent, il le faut prendre tel qu'il eſt; mais on peut en augmenter le prix, par l'vſage qu'on en fait.

Quand vne longue vie eſt également belle en toutes ſes differentes ſaiſons c'eſt vn exemple d'autant plus rare qu'il paroiſt vnique.

Ceux qui ayment trop la

vie, reſſentent la mort beaucoup plus viuement que les
autres.

Le ſeul moyen de n'apre-
hender point la mort c'eſt de
mener vne vie qui nous pro-
mette l'eternité.

La plus belle ſcience du
monde, eſt celle de bien mourir, & perſonne ne l'étudie.

Il y a façon à mourir de bonne grace, & pour y reüſſir il y
faut penſer toûjours.

Si la vie eſt courte, il ne tient
qu'à nous de la rendre plus
longue, puiſque le bon employ de ſon temps en fait la
longueur.

La memoire du temps paſſé afflige les meſchans auſſi bien que la crainte de l'auenir, mais pour ſe conſoler de l'vn, & pour éuiter l'autre, il faut bien vzer du preſent.

Il faut aymer la vie du temps pour celle de l'éternité; la vie de la memoire qu'on laiſſe, doit eſtre plus conſiderable que celle dont on ioüyt.

Quand la vie du meſchant eſt de longue durée, il doit aprehender que la nuit du tombeau ne ſoit éternelle.

Ceux qui demandent vne longue vie, ſans la grace d'en bien vzer, font des vœus pour leur perte, plutoſt que pour leur ſalut.

Comme il n'eſt rien ſi difficile, que de bien mourir; il faut employer à cét étude tout le temps de la vie.

Si ceux qui ſe plaignent de mourir jeunes, penſoient à l'éternité, ils changeroient bientoſt de langage.

Encore que le temps ſoit vn rien viſible, on s'en peut ſeruir à faire toutes choſes? ceux qui ſcauent l'art d'en bien vzer, ſe peuuent dire tres ſcauans.

Quand vn homme meurt auec l'vſage de la raiſon, il n'a pas ſujet de ſe plaindre, puis qu'vn ſeul moment peut faire ſon ſalut.

La vie des perſonnes oyſiues

se passe comme vn songe, parce qu'elles dorment dans leur
oysiueté.

Ceux qui dans la necessité
de mourir, marchandent la
vie, n'ont iamais sceu ce qu'elle vaut.

Quand on rompt de bonne
heure l'attache qu'on a dans le
monde, l'on n'a point de regret de le quitter.

Comme la pensee de la mort
nous aprend à mépriser la vie,
ceux qui y pensent continuellement, en font fort peu d'estat.

Ceux qui tiennent vn exact
compte de tous lesiours de leur
vie, peuuent scauoir au vray

combien de temps ils ont vefcu.

Quand vn homme vieux, ne
le croit pas eftre affés, pour
mourir, il doit auoir oublié la
plus grande partie du temps
qu'il a vefcu.

Il faut neceffairement perir,
auec toutes les chofes periffa-
bles, puifque nous fommes enfermez dans leur cercle, dont
le centre eft le tombeau.

Deflors que nos nourrices
nous ont apris à marcher pour
aller à la mort, le temps nous
enchaifne à fon Char de triomphe pour nous faire marcher
auffi vifte que luy.

Quand le deftin a fait les loix

de la mort, luy mesme les á ren-
duës inuiolables, pour fermer
la bouche à ceux qui se voudroient plaindre de leur rigueur.

Vn mal commun donne
quelque soulagement.

Les miseres publicques portent auec elles leur consolation.

Quand vn homme meurt
sans reproche, il faut donner
des éloges à sa vie, pluſtoſt que
des larmes à sa mort.

L'on n'adresse jamais des vœus
au destin, parce qu'il eſt immuable.

Il faut satisfaire la raison,
apres s'eſtre acquitté de ce

qu'on doit à la nature.

S'il faloit donner des larmes à toutes les afflictions qui nous peuuent arriuer, l'interuale de ne pleurer pas, seroit de courte durée.

Il faut se consoler des disgraces qui nous peuuent arriuer auant qu'elles nous arriuent, apres les auoir preueües, afin que nostre esprit ne soit pas surpris à leur abord.

La nature ne nous aprend sans aprantissage, que le seul metier de pleurer

C'est vne grande consolation à vn malheureux, d'auoir la liberté de se plaindre.

Pour reüssir à consoler vn affligé, il faut l'auoir esté.

Quand on console vn homme de la mort d'vn fils, il faut auoir esté pere, parce qu'il est mal-aizé de guerir vn mal qu'on n'a iamais connu.

Si ceux, dont nous regrettons la mort estoient sensibles, ils se plaindroient de nos plaintes, puis qu'elles leur sont aussi inutiles, qu'elles nous sont honteuses.

Il n'est rien au monde dont on doiue estre plus ménager que des larmes, puis que l'occasion de pleurer s'offre à tous momens.

Comme c'est vne nouuelle tirannie de deffendre l'vsage

des plaintes aux mal-heureux?
il n'y a pas moins de cruauté
d'enuier par vne tristesse opi-
niastre, la ioye de ceux qu'on
croit bien-heureux,

Ceux qui pleurent sans cesse les morts, ne songent pas
qu'ils courent incessamment
apres eux.

C'est n'auoir point de raison, de regretter le départ d'vne
personne qu'on peut reuoir à
toute heure, puisque chaque
moment peut sonner nostre retraite.

Les larmes des personnes
publiques, doiuent estres se-
cretes, de peur que leur exemple n'en fasse repandre beau-

coup.

Les grandes afflictions fient fort mal au grands hommes, quand ils n'ont pas vne mefme force d'efprit pour la fuporter.

Tous ceux qui nous confolent dans nos mal-heurs, douttent de noftre conftance.

Quand on eft eleué dans vne grande charge, il la faut remplir par des actions auffi grandes qu'elle.

La plus grande partie de ceux qui nous rendent vifite dans nos mal-heurs, font autant d'efpions qui veulent fçauoir la force ou la foibleffe de noftre courage, pour en dire leur fentiment.

Vn homme qui eſt regardé de tout le monde, ne doit rien faire qui ſoit indigne de luy.

Il en eſt de meſme de ceux qui parlent en public, l'attention qu'on leur donne les oblige à bien parler, ou à ſe taire.

Quand on ne ſe peut cacher aux yeux du monde, il faut s'étudier à luy plaire.

Les coups de la fortune expoſent en veuë ceux qui les reçoiuent, pour voir auec quel viſage ils les receuront.

Les mal-heurs nous mettent à l'epreuue, auſſi bien que la bonne fortune, & il faut auoir autant de prudence en celle cy, que de courage dans les autres.

Il n'y

Il n'y a pas moins de peine à conseruer sa reputation, qu'à l'aquerir.

Les censeurs estoient obligés à viure sans reproche, ou à se demettre de leurs charges.

Les esprits forts ont cét auantage de n'auoir pas besoin de consolation, & d'estre capables de consoler les autres.

Ceux qui sont éleués dans vne condition, pour seruir d'exemple, ne doiuent faire que des actions exemplaires.

Quand vn homme perd la reputation qu'il s'est aquise, il ne la recouure iamais.

Les larmes sont indescentes aux hommes, & ne sieent bien

F

qu'aux femmes ou aux enfans.

Encore qu'on ait raifon de pleurer, on ne fcauroit iuftifier la foibleffe qui nous y oblige.

*De la con-
folation en
tous les
malheurs
qui nous
peuuent
arriuer.*

Ceux qui ont des charges publicques doiuent trouuer dans leur conftance, le foulagement de leurs afflictions de peur que le public ne les reffente en les priuant de leur miniftere.

Paul Emile effuyoit fes larmes en allant au Senat, le mefme iour qu'il auoit perdu fes enfans, croyant que le peuple perdoit beaucoup plus que luy, s'il le priuoit de fa prefence, puis qu'il auoit befoin de ſes conſeils, plutoſt que de ſes larmes.

Vn homme qui s'eſt donné au public ne peut diſpoſer de luy-meſme ſans ſon conſentement.

Encore qu'on n'ait pas reglé les larmes qu'on doit répandre dans les afflictions, les ſages les eſſuyent quand il eſt temps.

Ceux qui employent trop de temps à pleurer, en doiuent rendre compte.

Quand vn grand homme s'oublie dans ſon affliction il fait pitié ſans enuie, puis qu'on oublie ſa grandeur.

Le mauuais exemple des

grands eſt contagieux aux petits.

Vne perſonne de baſſe condition a beauconp plus de liberté qu'vne autre qui eſt éle-
uée au deſſus.

Les grandes charges ſont des
grandes chaiſnes qu'on a de la
peine à porter, ſi l'honneur ne
nous ſert toûjours d'obiet, &
le deuoir de guide, dans le chemin que nous tenons.

Quand on eſt expoſé à la
veuë du public, il en faut éuiter les reproches, parce que
leur bruit ſe fait entendre par-
tout.

Encore qu'vn homme ait
acheptéla charge qu'il poſſede,

il faut qu'il la rachepte vne seconde fois par les soins de s'en
acquitter dignement.

Celuy qui oublie souuent
son deuoir perd à la fin la volonté de s'en acquitter.

Vne grande dignité est vne
grande seruitude.

Vn homme affligé n'est point
capable de donner audience,
parce qu'il ne songe qu'à son
malheur.

Quelque disgrace qui arriue
à vn Iuge, il faut qu'il cesse de
l'estre, ou de se plaindre, afin
qu'on ne se plaigne point de
luy.

Il faut aymer sa reputation
plus que sa vie, parce que cel-

le-cy est mal-heureuse, si l'autre n'est grande.

La tristesse à ses plaisirs aussi-bien que la ioye.

La mort quelque effroyable qu'elle soit, a des amans, puisque beaucoup de mal-heureux la souhaitent.

Les larmes inutiles font voir la folie de celuy qui les répand.

Si les morts sont insensibles à tous les deuoirs qu'on leur rend, on s'en acquitte par coustume, plutost que par raison.

C'est vne espece d'injustice de pleurer le sort d'vn homme qui est digne d'enuie, plutost que de compassion.

On doit oublier les choses qui ne sont plus, parce que le souuenir en est aussi honteux qu'inutile.

Les morts sont beaucoup plus heureux que les viuans, puis qu'ils se trouuent à l'abry du danger qui nous menace.

Ceux qui sont morts voyent du port où ils sont les escueils que nous n'auons pas encore franchis.

La plus vigoureuse santé est vne douce maladie qui nous laisse la liberté de marcher? mais ce n'est que pour faire le tour du cercle ou nous sommes enfermez, puis qu'il faut toûjours mourir.

Dés le moment que nous sommes entrés dans la vie, nous n'en sortons que par la porte du tombeau, d'où nous nous aprochons à toute heure.

Quand on regrette la mort d'vn parent, si c'est pour l'amour de luy, il faudroit estre assuré, si les plaintes qu'on luy fait luy sont agreables ? & si c'est pour l'amour de nous, l'interest en rend honteuse la plainte.

Ceux qui meurent auec les bonnes graces de la fortune; no'nt pas sujet de se plaindre d'elle? que s'ils meurent de regret de les auoir perduës? vn mal-heureux n'est pas à regret-

ter, puisque la vie luy estoit à
charge.

Quand on rend la vie à celuy qui la prestée, on luy en
doit faire des remercimens
plutost que des plaintes.

Encore qu'on ait perdu le
bien qu'on nous a donné, on
ne laisse pas d'en estre redeuable à celuy qui en auoit fait
le present.

Le bien de la vie passée doit
estre present à nostre memoire
pour en témoigner du ressen-
timent.

Si nous ne remercions Dieu
que du temps que nous pouuons encore viure, il faudroit
luy rendre graces à chaque mo-

ment, fans porter plus auant noftre reconnoiffance, puis qu'on n'en a pas vn feul d'affeu-ré.

Les plus petits Iuges voudroient que leur fentences fuffent fans appel, & nous murmurons contre les ordres immuables d'vn Dieu.

L'on perd la proprieté de tous les biens qu'on tient à loüage, quand le terme eft efcheu.

En quelque aage que l'homme meure, il n'a pas fujet de fe plaindre ; puis qu'il ne tenoit la vie que du iour à la iournée.

Il faut neceffairement arritier au lieu où l'on va, & d'où l'on s'aproche continuelle-ment, puis qu'on marche toû-jours.

La mort n'est pas vn cas for-tuit, c'est vn mal & necessaire, & ineuitable.

L'on auroit mauuaise grace de se plaindre de celuy qui nous redemanderoit le logis qu'il nous auroit presté, apres y auoir faict vne longue de-meure.

Il n'est pas estrange qu'vn homme meure ; mais il y a quel-que chose à dire de prendre sa mort pour vn prodige ; com-me si cest accident ne nous estoit pas familier.

Le plus ou le moins dans la vie, eſt trop peu de choſe pour s'en-formaliſer, il faut prendre le temps comme il vient, & le bien employer, afin qu'en paſſant il nous demeure.

Dés le moment qu'vn homme eſt capable de raiſon, la loy que la nature luy impoſe de mourir, luy eſt ſignifiée.

Il n'y a pas moins d'imprudence d'oublier noſtre condition mortelle, que de s'opoſerà l'execution de l'arreſt qu'on nous en à ſignifié.

Il faut de neceſſité fermer les yeux pour ne voir pas la mort, puis que tout ce que nous voyons meurt auec nous, dans sa fuite continuelle.

Ceux qui font reflexion sur leur malheur, peuuent trouuer dans la raison, toute la consolation qu'ils cherchent.

Ceux qui s'abandonnent à la tristesse, n'ont plus d'amour pour leur reputation.

Quand on attend du temps la guerison de son mal, on fait tous ses efforts pour prouuer sa foiblesse.

Comme la tristesse du maistre se communique à toute la maison; il faut qu'il se fasse justice pour la rendre aux autres.

Tous ceux qui meurent deuant nous, ne nous deuancent que d'vn pas.

Quand on meurt il n'y a plus de rang à tenir ; marcher deuant, ou apres, c'eſtvne meſme choſe.

Comme il y a du plaiſir à viure, quand on vit bien, il n'y a pas moins de ſatisfaction à mourir, quand nous mourons ſans reproche.

Le regne de la mort ne doit finir qu'auec le monde.

Encore que le temps ſoit la meſure de toutes choſes, luy meſme accourſit ſa meſure, en deuorant tout ce qu'il produit, puis que ſon dernier moment doit aſſouuir ſon auidité.

Il n'eſt rien de ſtable dans

ſe monde , & quoy que le Temps ſoit toûjours preſent dans ſa fuite continuelle, il s'aproche en fuyant du dernier inſtant qui la doit terminer.

Toutes les ſtatuës qu'on voit, nous repreſentent en ſonge les corps de leurs ombres, puis qu'elles ſeules contre leur nature, ſubſiſtent en effet.

Les pottraits des morts, nous repreſenteront demain en original , comme ils nous dépeignent aujourd'huy en copie.

Chacun peut rendre ſon deſtin heureux en l'agreant.

La condition des morts eſt beaucoup plus heureuſe que

celle des viuans, puifque ceux-
cy craignent tout, & les autres
n'ont rien plus à efperer

Vne belle mort eft plus à
fouhaitter qu'vne longue vie,

Comme tout le monde pleu-
re en naiffant, & perfonne en
mourant, on doit eftre perfua-
dé que la vie eft plus penible
que la mort.

Si les afflictions ne nous re-
ueilloient pour nous faire voir
la fauffeté des fonges qui nous
perfuadent que nous fommes
immortels; nous ferions à la fin
fi fous, que de le croire.

La bleffeure d'Alexandre,
le guerit de la folle croyance de
fon immortalité

Quand

Quand nos plus proches meurent, l'enuie de les fuiure nous doit estre plus sensible que le regret de les auoir perdus.

Ceux qui croyent l'immortalité n'ont pas sujet de se plaindre de la mort, puis qu'elle leur donne le bien qu'ils esperent.

Comme les regles de la mort n'ont iamais eu d'exception, ceux qui s'en sont plains ont desauoüé leurs plaintes au retour de leur raison.

Entre tous les hommes aucun n'a iamais senty qu'il fut plus homme qu'Auguste, puis qu'auant sa mort il se vit contraint d'assister aux funerailles de tout ce qu'il aymoit le plus au monde.

Encore que le cœur du sage soit à l'espreuue de tous les accidens de la fortune, il n'est pas insensible à ses attaintes.

Comme l'exemple instruit plus que la raison, il faut montrer par les effets, ce qu'on peut aprendre par les preceptes.

Marc-Anthoine apres auoir presidé auec ses deux compagnós dans le conseil secret de la fortune, pour départir ses faueurs à qui bon leur sembleroit, n'en peut luy mesme obtenir cette grace de mourir

quand il le jugeroit à propos,
puis que dans cette funeste
necessité ses plus confidens
luy refuserent leur secours.

Si la vie estoit immortelle
auec toutes les miseres qui
l'acompagnent, on souhaite-
roit la mort par le mépris de
l'immortalité.

On ne sçauroit mieux con-
sacrer la memoire des morts,
qu'en suiuant l'exemple de
leur belle vie.

Ceux qui ont trop de com-
plaisance pour leur tristesse, se
trouuent à la fin accablez sous
la pesanteur de son doux fardeau.

Quand la tristesse nous domine, elle ne se rend pas moins agreable que la ioye.

Les melancholiques doiuent fuir la solitude, comme le lieu ou la tristesse prepare leur tombeau.

Les esprits forts font leur épreuue dans les afflictions, & c'est estre persuadé de leur foiblesse, d'entreprendre de les consoler.

La raison ne defend pas la tristesse; mais elle en modere l'excez.

La sagesse ne nous rend point insensibles; mais elle regle nos sentimens.

La preuoyance des maux qui nous peuuent arriuer en

adoucit la rigueur.

Les choses les plus par-
faictes sont les moins dura-
bles.

Le métier de consolateur
est fort different de celuy de
l'affligé.

La vie de l'homme est vne
carte blanche, ou en naissant
la Prouidence marque ce
qu'elle veut.

Le sage faict luy-mesme sa
destinée en ce monde, ayant
tosiours le Deuoir pour guide,
& l'honneur pour objet.

Les Esprits foibles font des
mal-heureux, puis qu'ils rendent sensibles tous les maux
imaginaires.

Quand la force comman-
de la raison obeit.

La neceſſité ne trouue iamais que des cœurs ſouſmis,
parmy des perſonnes raiſon-
nables.

L'habitude de pleurer adoucit l'amertume des larmes.

Quand la triſteſſe s'empare
de noſtre ame, la ioye luy eſt
en horreur auſſi bien qu'à
mepris.

L'exemple ny la raiſon ne
ſoulagent que les petites afflictions.

Quand la triſteſſe ne ſe guerit pas par le temps, il n'en
faut point chercher le remede
icy bas.

Quand on a pris l'habitude de pleurer, on tient à honte d'essuyer ses larmes.

Octauia ternit l'éclat de sa gloire, par les larmes qu'elle répandit sur le Tombeau de son fils Marcellus.

Liuia fist voir par sa constance, dans vn pareil accident, que la Nature ne l'auoit esleuée au dessus de la Fortune que pour luy faire la loy.

Marcilia enseuelit sa reputation dans le Tombeau de son fils, ayant cette foiblesse de l'aymer plus qu'elle.

Drusus, & l'amour que Liuia auoit pour luy, n'eurent qu'vn mesme Tombeau.

Le sage est toufiours luy-mefme; & quoy que la Nature l'ait formé dans le moule de fon inconftance, il fe rend immuable par la force de fa raifon.

La fortune n'ataque iamais ceux que luy refiftent.

Quand le Pilote eft enfeuely dans les ondes auec fon vaiffeau, tenant toufiours le Timon, on peut comparer fa gloire à fon malheur.

L'on ne fçauroit eftre vaincu de la fortune, fi l'on ne confeffe fa defaite.

Il y a beaucoup plus d'honneur à vaincre la Fortune, qu'à poffeder fes faueurs.

La difgace fait des efcolliers fort fçauans en peu de temps

Ceux qui pleurent par habitude, commencent d'effuyer leurs larmes, puis qu'ils en ont desja oublié la caufe.

La raifon foulage les afflictions dont on ne peut guerir.

Celuy qui fait reflexion fur la caufe de fa douleur en prepare le remede.

Quelque mal-heur qui nous arriue, il eft toûjours plus grand en imagination, qu'en effet.

Ceux qui regrettent auec excez le bien qu'ils ont perdu, ont oublié qu'ils n'en auoient que l'vfage.

Puis que tous les mal-heurs qui arriuent aux autres nous peuuent arriuer ; il faut fortifier son esprit par la preuoyance, afin de les adoucir, ne pouuant les euiter.

L'attainte d'vn coup preueu n'est iamais mortelle.

Quelque riche, & quelque liberale que soit la fortune, elle ne donne que l'vsage de ses faueurs, puis qu'elle s'en conserue toûjours la proprieté.

L'on doit rendre conte des larmes qu'on repand inutillement.

Les plaintes qu'on fait à la fortune s'adressent à la prouidence, puis qu'elle dispose de toutes chofes fouuerainement.

Ceux qui cherchent leur repos dans le monde font toû-jours inquietez ? parce qu'ils ne fçauroient.l'y trouuer.

Il faut aprendre à fe con-foler foy-mefme , pour n'a-uoir pas befoin de confolation.

Ceux qui manquent de con-ftance , manquent de raifon , puis qu'elle feule les peut con-foler

Quand on s'attache à la fuitte de la fortune , on eft contraint de fubir fes loix , & l'on ne fçauroit s'en difpenfer fi l'on ne rompt auec elle.

Ceux qui font en volonté de rendre ce qu'on leur prefte ,

ne sçauroient estre surpris quand on le leur demande.

Toutes les choses perissables sont sous la conduite du Temps? & comme il ne sçait pas, luy mesme parmy le nombre infiny d'instans qu'il produit en fuyant, celuy qui doit terminer sa fuite ; on ne doit pas s'estonner s'il fait sonner l'heure de nostre retraite, lors que nous y pensons le moins.

Les peres ne peuuent iöuïr de leurs enfans, ny les enfans de leurs peres qu'en passant, de mesme que de l'air, & de la lumiere.

Dés le moment qu'vn homme est raisonable il doit s'en-

querir des loix du monde, ou
il eſt nay, pour les ſubir ſans
murmurer, puis qu'elles ſont
inuiolables.

La maniere de mourir eſt
auſſi diferente que celle de
viure, & ſi l'on veut reüſſir
heureuſement en toutes les
deux, il faut penſer toûjours
à la fin pour laquelle nous ſommes nays.

Toutes les conſolations
qu'on nous peut donner ſont
inutiles, ſi nous ne ſommes
diſpoſez à les receuoir.

Les hommes ſont des lam-
pes que le Temps allume ; &
qu'vne bouffée de vent peut
étaindre à tous momens.

L'incertitude de la vie sert de lumiere aux sages, pour n'estre pas surpris de l'heure de la mort, puis qu'ils y pensent toûjours.

Si nos polmons sont des horloges domestiques, dont nostre respiration marque les minutes? on ne sçauroit estre surpris de l'heure du depart.

Nos corps sont des flambeaux allumez, dont le vent de nostre respiration fait fondre peu à peu la cire, en attendant que celuy de nostre dernier soupir en éteigne la clarté.

L'on ne doit pas s'étonner si les vieillards se font toûjours

jeunes, puis que le temps paſſé n'eſt rien du tout.

Comme le Temps n'eſt
qu'vn inſtant toûjours preſent? on oublie le paſſé, &
l'on ne ſçauroit comprendre
l'auenir.

Le Temps conſole les eſprits
foibles? & ceux qui raiſonnent
n'ont pas beſoin de conſolation.

Socrate prenoit tous les
iours congé de ſes amis, parce qu'il ne ſçauoit pas ſi la
mort luy en donneroit le landemain le loiſir.

Tout le monde ſouhaite
d'eſtre riche; & il n'y a que
les riches qui viuent mal-heu-

reux, puis qu'ils meurent sans cesse de l'aprehension de mourir.

Ceux qui se plaignent de leur destinée en augmentent le mal-heur, puis que leurs plaintes sont inutiles.

Comme le monde est vne prison remplie de crimmels condamnez à la mort, le temps fait sonner à toute heure celle de l'execution.

Si le monde est vn theatre, où la fortune faict joüer ses tragedies, il faut de necessité que chacun y represente son personnage, puis que chacun y doit parestre à son tour.

L'on

L'on demeure toſiours re-
deuable du bien dont on a
iouy, quand on le rend à ſon
proprietaire.

Encore que la priuation du
bien qu'on a long-temps poſ-
ſedé ſoit ſenſible, le ſouuenir
de la longue iouyſſance nous
eſt encore beaucoup plus
doux.

Quelque longue que ſoit
la vie, elle paroiſt touſiours
fort courte quand elle eſt paſſée.

Il faut ſuiure de bonne
grace ſon deſtin de peur qu'il
ne nous entraiſne.

Tout ce qu'on faict ſans
reflexion, ne peut reüſſir que

par hazard.

L'on trouue de la consolation en tout ce qu'on entreprend, quoy qu'il ne reüsisse
pas, apres y auoir meurement
pensé.

La vie des grands hommes
est d'ordinaire plus belle que
longue.

Comme les Heros trouuent
le bout de leur carriere en
quelque lieu ou ils la terminent! on conte leur aage inutilement.

Dans quelque affliction qui
nous arriue il faut deuancer le
temps à nous consoler, pour
en auoir l'honneur, aussi bien
que l'vtilité.

Ceux qui se consolent par exemple, rendent inutile leur raison.

Sylla s'estimoit si heureux, qu'il n'oza se plaindre de la fortune quand il perdit son fils.

Xenophon entendant les nouuelles de la mort de son fils, au mesme temps qu'il sacrifioit aux Dieux, il leur offrit sur vn mesme Autel la soufmission de son cœur pour subir sans murmurer vne loy si dure.

Le Triomphe de la constance de Paul Emile, à la triste nouuelle de la mort de ses deux fils, fut beaucoup plus glorieux que le Triomphe de ſa valeur, quoy que des Roys captifs fuſſent au nombre de ſes trophées.

L'Hiſtoire remarque, à la gloire de Paul Emile, que la grandeur de ſa conſtance a-doucit en quelque ſorte la ſeruitude du Roy Perſée, s'e-ſtimant heureux dans ſon mal-heur, d'auoir eſté vaincu par celuy qui triomphoit de ſes paſſions.

Si tous les momens du iour font des veſues & des orphe-lins, en mille lieux du mon-de, quel moyen y a-t'il de con-ſoler tant de malheureux, & & tant de miſerables.

Ceux qui n'ont pas encore

pleuré de la mort de leurs pa-
rens, feront bien-toft inuitez
à leurs funerailles ? fi les leurs
propres ne les deuancent.

Encore que l'année foit
compofee de quatre diferen-
tes faifons, celle de pleurer
& de fe plaindre, eft continuelle.

Nous cherchons hors de
nous la caufe de nos malheurs,
mais pour la trouuer il la faut
chercher en nous-mefmes.

Tout le monde fe dict malheureux; mais pour l'eftre en
effect, il faut n'auoir plus d'ef-
perance.

Toutes chofes s'enfuyent
fors que la mort, parce qu'elle

s'aproche à touté heure de no⁹.

Encore que la nature soit enfermée dans le cercle des aages, ou l'on voit changer de face à toutes chofes pour reprendre en changeant, leur premier luftre, noftre vie n'a point de retour.

Les faifons ont beau renaiftre tous les ans, l'vne à la fuite de l'autre, de mefme que les iours : ceux de noftre vie ont vne autre deftinée, puis que tous enfemble fe terminent à vne nuict qui dure toufiours.

Les Aftres de mefme que les Elemens, font toufiours les mefmes, & chaque moment nous dérobe quelque chofe, non pas feulement de noftre reffemblance; mais de noftre eftre, iufques à ce que nous foyons reduits à noftre premier neant.

Toutes chofes fe paffent, fors que nos malheurs, puis qu'ils reuiennent toufiours fur leurs pas, pour troubler de quelque nouuel orage, le calme de noftre vie.

Encore qu'il n'y ait rien de ftable en ce monde que cette feule verité? par vn ordre contraire à cette dure deftinee les malheurs & les miferes nous font auffi prefents que l'air que nous refpirons.

Il est inutile de perſuader la penſee de la mort, puis que le mouuement de noſtre poux eſt celuy-là meſme d'vne fievre, qui ſe tourne à la fin en continuë pour nous conduire au tombeau.

Les eſprits forts ont de grandes foibleſſes, s'ils croyent que leur force vient d'euxmeſmes.

La conſtance dans les malheurs faict la force de l'eſprit, de meſme que la moderation, dans vne grande fortune.

La gloire eſt beaucoup plus grande de reſiſter aux apas de la volupté, qu'aux attaintes de la douleur.

Le sage a beau estre assujety sous les rigoureuses loix de la fortune, il triomphe d'elle dans sa defaite, puis qu'il porte vn cœur libre dans vn corps enchaisné.

Lucius Bibulus ne voulut estre cognu pour Pere, qu'aux tristes nouuelles de la mort de ses deux fils, puis qu'en ce funeste instant il ressentit toute la douleur, dont la nature pouuoit affliger son ame, mais quelque grande que fut son affliction, sa raison parut plus forte encore, puis qu'elle en modera l'excez.

La douleur de Cesar fut de plus longue durée, à la mort

de ſa fille, parce que l'intereſt de ſa fortune ſe confondit auec celuy de ſon amour, mais le temps & la neceſſité toutefois le conſolerent bientoſt.

Auguſte ayant ſuruescu tous ſes herities, fut contrainct d'en choiſir de nouueaux, dans vne maiſon eſtrangere. Mais la douleur de cette cruelle neceſſité ne luy fut pas eſtrange, puis qu'il s'en conſola.

Ce grand Monarque choiſit vne teſte pour la couronner, ſans remplir la ſienne de triſteſſe.

Tiberius Cæſar fit luy-meſ-

me l'Oraifon Funebre de fon
fils , & il le loüa fi fort, que le
peuple fe vit contrainct de le
mettre au nombre des Dieux,
comme il defiroit , afin qu'il
n'euft pas fujet de plaindre fa
deftinée.

La porte du berçeau &
celle de la fepulture s'ouurent
enfemble, quand nous venons
au monde, & quoy que nous
y demenrions quelque temps,
cette derniere porte du tombeau demeure toufiours ouuerte , en l'incertitude & du
iour & de l'heure que nous
deuons entrer dedans.

L'échole des Cimetieres
nous peut inftruire à effuyer

nos larmes, à force d'y voir pleurer inutilement, de la mort de ceux qu'on y enterre tous les iours.

Il n'est point d'objet plus prefent, plus familier, ny plus fenfible que celuy de la douleur, puis qu'on trouue par tout des affligez.

Encore que l'air remplisse tout; comme cét air est sans cesse battu des plaintes des miserables, on peut souftenir que les miferes auffi bien que luy, empefchent qu'il y ait du vuide en la nature.

Cornelie furuefcut à douze de fes enfans, & l'illuftre mort des deux derniers, la confola de la perte de tous les autres.

Les grands exemples en de pareilles rencontres, fortifient les foibles, & augmentent les courages des plus hardis? mais il eſt plus glorieux qu'on nous imite en cela, que d'imiter les autres.

Il ne faut iamais faire reflexion ſur les biens qu'on a perdus, ſi la perte en eſt irreparable.

La plus grande force de l'eſprit ſe tire de celle de la raiſon; Et quoy que l'exemple ſoit ſouuent plus eloquente qu'elle, il eſt honteux de nous ſeruir de celle-cy, qu'au defaut de l'autre.

Tous ceux qui nous con-
folent, auront befoin demain
du remede qu'ils nous offrent
auiourd'huy; les confolations
eftrangeres ne font point d'im-
preffion dans noftre efprit? &
celle que nous tirons de luy
feul, reüffit toufiours.

Tout le monde peut bien
cognoiftre que la vie de l'homme eft toufiours en butte aux
traicts de la fortune? mais on
ne fcait pas fi les attaintes en
feront mortelles.

Encore que le monde foit
vne mer toufiours agitée, perfonne ne fcait l'ecueil ou l'on
doit faire naufrage.

La vie de l'homme eft vne

montre de Cadran sans eguile, où l'on voit tout à la fois, toutes les heures marquées, mais on ne peut sçauoir laquelle de toutes sonnera nostre retraicte.

L'on peut dire encore que la vie est vn Almanach, où tous le iours de l'année sont marquez, & où celuy de nostre depart se confond si fort auec les autres, qu'on n'en sçauroit cognoistre la diference, afin que nous soyons tousiours prests à partir.

Tous ceux qui cognoissent la fortune ne se plaignent point de son inconstance ? mais ils se mettent à l'abry des attaintes de son changement.

Il en est de mesme de ceux qui ont vn peu vieilly dans le monde ? ils y demeurent par necessité, mais c'est sans attache, puis que chaque moment peut estre celuy de leur retraite.

Comme la vie n'est éloignée de la mort que d'vn instant, chacun doit faire son mestier, durant le penible chemin du berçeau à la sepulture, sans songer s'il sera de longue ou de courte estenduë, puis que la pensée en est inutile.

Quand la fortune nous laisse vne partie du bien qu'elle nous auoit donné, on a plus

de sujet de l'en remercier que
de s'en plaindre.

Il est honteux aux grandes
ames de mandier la consolation d'autruy, dans vne affliction domestique.

L'on a beau mepriser les
consolations que le temps
nous donne, si nous re-
fusons auiourd'huy les remedes qu'il nous presente, demain sansdoute, nous les re-
ceurons.

Comme le Temps altere
toutes choses, il n'est point de
tristesse à l'epreuue de son
inconstance ? les plus affligez écoutent ses conseils,
& les plus inconsolables se

trouuent à la fin contraincts
de les suiure.

Les plaintes continuelles
ne sont pas de durée, l'affliction se modere dans son excez.

Il n'est point de vefue qui
ne renonce au mariage, le
iour qu'on enterre son mary;
mais le lendemain des funerailles, elle change de langage, si le triste objet de son
deuil ressent, luy permet de
parler.

Encore qu'vne tristesse opi-
niastre resiste à la raison, le
Temps en vient tousiours à
bout.

Comment peut-on resister

au Temps, ſi ſa nature changeante ſe confond auec la noſtre, touſiours muable.

Les plus reſolus à mourir de regret, apres vne perte ſenſible, ſe laiſſent ſurprendre au plaiſir de viure.

Le deſeſpoir n'a de l'empire ſur nous, que durant nos premiers mouuemens, puis qu'ils ſont capables d'exciter toutes nos paſſions, iuſques à l'extremité. Mais ſi nous auons le loiſir de faire reflexion ſur noſtre malheur, ce loiſir redonne le calme à noſtre eſprit, en apaiſant l'orage, dont il eſtoit agité.

Toutes les fois qu'on ſe

plaint du destin on le mé-
connoist? & dans cette mé-
connoissance, les plaintes
qu'on faict ne s'adressent plus
à luy.

La sousmission aux ordres
de la prouidence, est vn souuerain reméde à toute sorte
de maux.

Celuy qui s'étudie à se cognoistre, ne sçauroit employer
mieux son temps.

Le defaut de la constance
ne procede que du defaut de
raisonner.

Quand on se donne le loi-
sir de penser à son malheur la
pensée en adoucit peu à peu
l'amertume.

Encore que la constance soit la vertu des esprits forts, chacun la peut aquerir à la mesure du sien.

Ceux qui trouuent de la volupté dans la tristesse, fuyent toute sorte de consolation.

Il faut attendre du temps le remede du mal qu'il nous cause.

Il n'est point d'affliction, quelque grande qu'elle soit, ou l'on ne puisse trouuer du soulagement.

Les malheurs & les peines sont de la nature des choses qui passent, de mesme que les felicitez & les contentemens.

Puis qu'il n'eſt rien de conſtant en ce monde, il faut eſperer que noſtre mauuaiſe fortune changera bien-toſt de viſage.

Si le temps nous conſole ſouuent malgré nous ; comment refuſera-t'il la conſolation à ceux qui ne l'atendent que de luy ſeul.

C'eſt eſtre malheureux de ne l'eſtre iamais, les plaiſirs nous laſſent auſſi bien que les peines.

Le ſouuenir de nos diſgraces paſſées adjouſte quelque nouuelle douceur aux felicitez, dont nous iouyſſons.

Quand vn malheureux n'au-
roit d'autre auantage que de
n'auoir plus d'ennemis, puis
qu'il faict compaſſion à les
plus grands, c'eſt vne ſatisfaction particuliere qui n'eſt
propre qu'à luy ſeul.

Ce n'eſt pas aſſez d'eſtre
vertueux, il faut mettre en
pratique les vertus qu'on poſſede, pour oſter la foy à
ceux qui par raport ſeule-
ment, ſont perſuadez de vo-
ſtre merite.

Encore que la gloire euſt
mille fois de ſes mains propres couronné Scipion, la
derniere couronne que la
conſtance luy donna dans la

solitude, fit le comble &
de son honneur, & de sa
felicité.

S'il est vray que chacun aye
son destin, les vœux & les
plaintes sont egalement inutiles pour le flechir.

Le sage ne se met point
en peine de sçauoir quel
sera son sort, il sufit qu'il
n'ait apris à marcher que
pour suiure la vertu, puis
qu'on n'a rien à craindre à sa
suite.

De quelque malheur que
le sage soit affligé, il a cét
auantage de n'auoir pas be-
soing de consolation.

La nature ne trompe per-

fonne, au premier inſtant de
l'vſage de noſtre raiſon elle
faict annoncer aux peres par
la voix des exemples , que
leurs femmes & leurs enfans
ſont de meſme condition
qu'eux, c'eſt à dire ſujets à la
mort.

Il faut fuiure la couſtume
du pays où l'on eſt nay, &
ſubir la loy que le Souuerain
nous impoſe.

Il y a du hazard d'auoir des
enfans heureux ou malheurs,
mais il les faut prendre tels
que le ſort les donne.

La fortune n'eſt pas moins
diferente au choix des femmes ? les bonnes ſont rares, &

les mauuaifes communes ? mais fouuent l'humeur du mary contribuë à la bonté, ou à la malice & des vnes & des autres.

C'eſt en vain qu'on murmure contre la Prouidence, puis qu'elle ne promet rien, il luy eſt permis de nous oſter vn bien, dont elle ne nous a donné que l'vſage.

Les ſages ſubiſſent de bonne grace les loix que la neceſſité leur impoſe.

La ſcience d'obeyr aux volontez de Dieu, eſt la ſcience & de la vie, & de la mort.

C'eſt vne impieté de trouuer à dire aux ordres que la

Prouidence establit icy bas, puis que nous y nayssons pour les executer.

Dieu a faict toutes choses auec poids & mesure ? & tous ceux qui y trouuent à dire en sortant du milieu où elles sont establies , tombent dans des extremitez.

L'inquietude de l'esprit procede de la vanité de ses pensées.

Quand la raison establit nostre repos à la suite de la vertu , toutes les attaintes de la fortune ne sçauroient l'ébranler.

Tous ceux qui se plaignent des maux qu'ils endurent, ont

oublié ceux qu'ils ont faict.

Quand on est affligé de quelque disgrace, il faut se representer nos felicitez pas-sees, afin que balançant les vnes auec les autres, nous ayons sujet de faire cesser nos plaintes, au lieu de les conti-uuer.

C'est l'amertume qui nous faict cognoistre la douceur? ce sont les peines qui donnent des apas, si la vie estoit tous-iours heureuse, on en souhai-teroit l'immortalité, & l'iniu-stice de ce souhait inutile, feroit nostre suplice, en fai-sant nostre crime.

Il n'est pas iuste que la Prouidence change pour nous contenter, les ordres qu'elle a establys de toute eternité dans le monde, nos peres en ont suby ses loix sans murmurer, il faut que leur exemple ou nostre raison nous aprenent à obeyr.

Les plaintes inutiles font voir la foiblesse de celuy qui les faict.

Les afflictions sont grandes ou petites à la mesure qu'on se les represente, & en cela l'imagination faict tout.

Les malheurs dont la fortune nous afflige sont sensibles, selon que nostre imagination les conçoit.

L'on ne doit pleurer les morts, que comme on pleure les abſens, puis qu'on eſpere de reuoir également, & les vns & les autres.

Les meſchans ſe reuoyent dans les Enfers, & les bons dans le Ciel.

Ceux qui meurent ne nous quittent, apres nous auoir faict leurs adieux, qu'en eſperance de nous reuoir? que s'ils partent deuant nous, il ſuffit qu'on les ſuiue, & qu'on marche à leur ſuite, ſans s'arreſter vn moment en chemin.

L'on a beau ſe plaindre de la nature; le preſent qu'elle

nous a faict de la mort pour
terminer les miseres de la vie,
nous oblige d'auoir tousiours
la bouche ouuerte aux remercimens, & fermée aux plaintes.

Si nous pleurons les morts
pour eux-mesmes, nous leur
faisons pitié, puis qu'ils sont
dignes d'enuie; & si c'est pour
l'amour de nous, nostre interest nous oblige de pleurer en
cachette.

Tout le monde se plaint
de la mort, si elle afflige les
vns, elle console les autres. Ie
veux qu'elle fasse & les vefues
& les orphelins, elle rend
maistres ceux-cy de leurs biens,

pluſtoſt qu'ils ne penſoient, &
inuite les autres à des ſecon-
des nopces, lors qu'elles en
auoient perdu l'eſperance.

Si la mort afflige les heureux, elle conſole les miſerables.

La mort eſt ce milieu qui
ieinct ces deux extremitez ſi
eſloignées du Temps & de l'E-
ternité, quoy qu'il n'y ait au-
cune ſorte de proportion.

Puis que la nature ne nous
a peu donner qu'vne vie periſſable, il faut en acquerir vne
immortelle.

Pompée fut deux fois vaincu dans la derniere defaite,
puis qu'en ſuruiuant par force

à luy

à luy-mesme, il demeura ex-
posé à toutes les attaintes de
la fortune.

Personne n'ozoit broncher
deuant Caton, & luy-mesme
fit vne cheute mortelle à la
persuasion de son desespoir.

La malheureuse vieillesse
de Ciceron luy fit aduoüer
qu'vne courte vie estoit heureuse.

Si tout le monde ensemble
n'est qu'vn point, quel espace
pouuons nous contenir dans
vn cercle de si grand estenduë.

Si tout le temps passé n'est
rien du tout, & si le present
& l'auenir ne font rien encore,

K

quand on les compare à l'E-
ternité, quelle amour pouuons nous auoir pour la vie
toufiours mourante, puis
qu'elle nous est donnée de
moment en moment, sans
auoir la disposition d'vn seul.

Ceux qui regretent le de-
stin des morts n'en cognoissent pas la felicité; comme
il y a estude à mourir, s'ils se
sont rendus sçauans en cette
science, leur sort est plus digne d'enuie que de pitié.

Le bon employ du temps
faict la longue vie? en la ren-
dant heureuse.

Vn seul iour de vie sufist à
celuy qui n'en a pas perdu

vn moment.

A quoy fert-il de faire des vœux pour vne longue vie? fi nous n'auons deffein de bien viure.

L'on eft honteux quand on a vieilly, d'auoir fouhaitté la vieilleffe, puis qu'on doit rendre conte de tout le temps paffé.

Chaque vie a fon terme, & la fortune quelque puiffante qu'elle foit, ne fçauroit violer les loix du deftin ; quand il a reglé le cours de nos années, les regles en font infallibles.

Le Temps ne fçauroit nous faire voir rien de ftable, qu'en ce qui eft paffé, puis qu'il de-

meure immuable dans son
neant.

Ceux qui ayment la vie ne
la cognoissent pas, puis que
tous ceux qui l'ont cognuë
l'ont mesprisée.

Si la vie n'estoit donnée
qu'à ceux qui l'auroient desi-
rée, apres l'auoir cognuë, le
monde ne seroit pas peuplé
comme il est.

La longue vie est agreable
quand on la regarde dans l'a-
uenir? mais elle n'a rien de
beau quand on la considere
dans le passé, puis qu'elle n'est
plus à nous.

Les grandes ames ont de
la peine à demeurer dans vn

corps, dont les sens sont leurs
ennemis iurez; & quand la
mort rompt les liens de leur
seruitude, elles recouurent
auec tant de ioye leur liberté,
que c'est vne espece de tirannie d'enuier leur bonheur.

Les fruicts qui sont mœurs
au commencement de l'Esté,
se cueilliroient eux mesmes en
tombant, si l'on n'en faisoit la
recolte de bonne-heure.

Celuy qui laisse vne pre-
cieuse memoire apres soy, sur-
uit heureusement à luy-mesme.

Quand la mort couronne
la vie qui l'a deuancée, on
peut se persuader son immor-

talité.

Les larmes qu'on répand sur le tombeau des grands hommes terniffent l'éclat de leur gloire.

La pitié qu'on a des malheureux, leur fert de confolation.

Tout le temps qu'on employe à faire tout autre chofe que fon deuoir, eft perdu.

De tous les biens que la nature nous a donnez, elle ne nous a laiffé la difpofition que de celuy du temps, pour en vzer comme il nous plaift.

Celuy qui a peu de bien n'eft pas pauure à l'égal de celuy qui en defire auec paf-

ſion beaucoup plus qu'il
n'en a.

Les amis de table s'eſ *Epiſtre 2.*
noüiſſent au deſert.

On cognoiſt le iugement *Epiſtre 3.*
d'vn homme au choix de ſes
amis.

Quelque amy qu'on ayt, il
ne luy faut iamais confier vn
ſecret ou il y va de l'honneur
ou de la vie, parce que le dommage de ſon infidelité ne ſe
peut reparer.

Comme la mort ne faict *Epiſtre 4.*
que paſſer, elle ne ſe peut
faire craindre qu'en paſſant.

Vne vie malheureuſe eſt plus
inſuportable que la mort.

Celuy qui meſpriſe ſa vie eſt

maiſtre de celle d'autruy.

Epiſtre 5. La vie exemplaire eſt la plus belle de toutes.

Quelque ſuperbe que ſoit le lieu de noſtre demeure, il faut donner ordre qu'on ayt plus de curioſité de nous voir que le palais où nous logeons.

Epiſtre 6. C'eſt vn caprice de nature d'auoir donné plus de creance aux yeux qu'aux oreilles.

Les exemples inſtruiſent plus que les preceptes.

Les mœurs de Socrate perſuadent plus que ſes enſeignemens.

L'on ſe rendoit plus ſcauant en la compagnie d'Epicure que dans ſon Echole.

Les hommes cruels font Epiſtre 7. ſouuent à leur dommage des diſciples qui les ſurpaſſent.

La compagnie des meſchans eſt plus dangereuſe que la contagion, parce qu'on peut guerir de celle-cy & on emporte ſouuent le venin de l'autre dans le tombeau.

Vn grand eſprit ne trouue Epiſtre 8. rien de ſa meſure, puis qu'il s'eſleue touſiours au deſſus.

Celuy-là ſe peut dire heureux qui n'a iamais d'autre maiſtre que ſon deuoir.

La fortune ſe reſerue touſiours la diſpoſition des biens qu'elle donne.

Le ſage ne trouue point à Epiſtre 9.

dire, ce qui luy defaut, quand il s'agiſt des biens de la fortune, puis qu'elle luy peut oſter demain ce qu'elle luy aura donné auiourd'huy.

Celuy qui cherche quelque bien hors de ſoy, releue de la fortune.

Ceux qui croyent eſtre pauures le ſont en effect, quoy qu'ils ſoient comblez des biens.

Epiſt. 10.　L'eſperance eſt le nom d'vne choſe qui ne ſubſiſte qu'en imagination.

Vn homme doit iuſtifier ſes deſirs quand il les rend publicqs.

Epiſtre 13.　Les maladies de l'eſprit

font plus difficiles à guerir que celles du corps.

Puis que les biens de l'esperance & le mal de la crainte regardent l'auenir, il faut iouyr des biens que le present nous donne.

La Philofophie a cela de bon qu'elle ne fe mefle iamais des affaires d'autruy. *Epift. 14.*

L'étude de la Sageffe, fert au repos de la vie. *Epift. 16*

Celuy qui fuit le confeil de la Nature n'eft iamais pauure.

La Sageffe ne s'emeut de rien fi elle entend fonner la Trompete ou battre le Tambour, elle fcait bien qu'on ne la cherche pas. *Epift. 17.*

La sobrieté est vne pauureté volontaire.

La sagesse stoique esleuoit ses disciples à ce degré de bon-heur qu'ils n'aprehendoient ny les Dieux, ny les hommes.

La ioye de l'ame faict le beau iour de la vie, en quelque saison que l'on soit.

Epist. 19.

Les bien-faicts font des ingrats aussi bien que des amis.

Epist. 20.

Il faut faindre d'estre pauure, pour cognoistre les vrays amys.

Le plus riche du monde ne sçauroit éuiter la pauureté de sa mort.

Epist. 21.

Il n'est rien de plus effroyable que le temps, quand on confidere qu'il enfeuelit dans vn nouueau tombeau les plus celebres de la terre puis qu'on cherche leur place inutilement.

Encore que le ventre n'entende pas raifon, il fe contente de ce qu'on luy donne, l'habitude qu'on luy faict prendre luy fert de loy.   *Epift.* 22.

Il eft honteux de fuccomber fur le faix dont on s'eft chargé.

On ne fcait iamais le prix des faueurs que la fortune donne, que quand elle les ofte, puis que le regret qu'on en a, faict cognoiftre leur valeur.

Perſonne ne ſe ſoucie de viure, mais de longuement viure.

L'on ne ſonge iamais à ce
qu'on doibt faire dans le monde, que ſur le point de le qui-
ter.

Epiſt. 23.

Il faut ſçauoir enquoy con-
ſiſte le repos de la vie, auant
que de le chercher.

La ioye eſtrangere ne faict
que paſſer, celle qui vient de
nous-meſmes dure touſiours.

C'eſt vne grande honte de
changer tous les iours de maniere de viure, & d'encourir
les meſmes reproches.

Ceux-là viuent mal qui aprenent à viure tous les iours.

Il y en a beaucoup qui

acheuent de viure auant que d'auoir commencé.

C'est estre bien malheu-Epist. 24. reux de faire auancer par la crainte, les malheurs qui nous doiuent arriuer.

La fortune se preste, mais elle ne se donne point.

Porcena eut moins de peine à pardonner Mucius, qui l'auoit voulu tuer, que Mucius a se pardonner soy-mesme, pour auoir manqué son coup.

Vn homme banny de sa patrie se peut consoler s'il se persuade que le lieu de son bannissement, est le lieu de sa naissance.

La vie decroist à mesure

que nous croiſſons.

La vie qui nous faict ſou-
haiter la mort doibt eſtre auſſi criminelle que malheureuſe.

Le ſage ne s'enfuyt pas du
monde, mais il en ſort.

Ceux qui ſe plaignent du
mal qu'ils endurent ont oublié celuy qu'ils ont faict.

Epiſt. 25. Celuy qui eſt amoureux de
la belle gloire, eſt luy meſme
ſon cenſeur & ſon iuge.

Celuy qui s'ennuye de l'en-
tretien de ſoy-meſme, doibt
auoir oublié les belles choſes
qu'il a faites.

L'on doibt attendre la mort
Epiſt. 26. en tous lieux, puis qu'on ne
ſçait pas celuy où elle nous
atend.

atend.

L'on ne doibt pas crain-dre ce qui est infallible, puis que la crainte en est inutile. *Epist. 30.*

L'on a mauuaise grace de refuser vne condition que tout le monde agrée.

La mort nous est aussi presente que l'air que nous respirons, puis que chaque respiration peut estre nostre derniere.

L'aprehention de la mort est plus sensible qu'elle.

La continuelle pensée de la mort en oste la crainte.

Il faut mespriser les vœux qu'on faict en nostre faueur, personne ne sçait mieux que *Epist. 31.*

nous mesme ce qui nous est
necessaire.

Comme le bien est la co-
gnoissance des choses, le mal
en est l'ignorance.

L'on s'aproche de Dieu à
mesure que l'on s'esloigne du
monde.

La richesse nous esloigne
de Dieu puis que Dieu ne
possede rien, mais de rien, il
faict toutes choses.

Chacun cherche sa felicité
hors de luy, & il ne la peut
trouuer qu'en luy-mesme.

La vertu est la vraye pierre
philosophale, puis qu'elle
nous peut enrichir pour iamais.

Ceux qui viuent à la fuitte *Epiſt. 32.*
de la vertu ne tiennent point
compte de leurs années, puis
qu'ils n'aprehendent point la
vieilleſſe.

Il n'eſt rien de plus glorieux
que d'acheuer ſa vie auant
que de mourir.

C'eſt vn agreable temps,
quand on ne ſe ſoucie plus
du temps.

Ceux qui ſouhaitent auec
paſſion vne longue vie, doiuent auoir mal employé le
temps de celle qu'ils ont paſſée.

L'habitude du vice nous le
faict aymer d'vn amour pro- *Epiſt. 39.*
pre, puis que nous auons de

la peine à viure sans luy.

Epist. 43. C'est noftre confcience plutoft que noftre ambition qui
nous faict tenir des Suiffes à
la porte, puis qu'en tout
lieu & en tout temps nos vertus doiuent eftre nos gardes.

La fortune confond fi fort
les raçes nobles auec les rotu-
rieres, qu'on ny cognoift plus
rien.

La gloire que nos anceftres
nous laiffent eft vn heritage
dont le feul merite nous peut
donner la poffeffion.

Epist. 45. C'est eftre libre dans noftre
feruitude, d'auoir pour mai-
ftreffe la raifon.

Epist. 49. Encore que la mort ne paroiſſe pas ſi proche de nous ſur la terre que ſur la mer, la difference en eſt eſgale, il n'y a que l'apparence qui nous trompe, elle nous ſuit inſeparablement.

Les maladies de l'ame ſe rendent d'autant plus dangereuſes qu'elles ſont inſenſibles. *Epiſt. 53.*

Celuy qui demeure plongé dans ſes vices ne les cognoiſt pas, il faut s'eſloigner d'eux pour les voir.

Le ſage deuance touſiours la neceſſité, faiſant de bonne grace ce qu'il doibt faire auant que d'y eſtre contrainct. *Epiſt. 54.*

Le bruit des paſſions interompt le repos de l'ame. *Epiſt. 56.*

L iij

Epiſt. 58. Celuy qui iouyt en repos de ſoy-meſme meſpriſe toutes choſes.

La vieilleſſe ne s'ennuye iamais, parce qu'elle s'entretient auec ſa raiſon epurée.

Epiſt. 59. Il ſemble que l'homme ne viue qu'en ſonge, puis qu'il ne conçoit que des deſirs inutils.

Comme tous les ſages ſont heureux, la ſageſſe faict la felicité de la vie.

Epiſt. 61. La neceſſité n'eſt cognuë que de celuy qui la reſſent.

Epiſt. 63. La nature a beau promettre à la ieuneſſe vne longue vie, elle n'en peut donner que l'eſperance.

L'ame ne peut estre en- *Epist. 66.*
ledie par la difformité du
corps, mais le corps peut receuoir quelque ornement de
la beauté de l'ame.

Vne belle ame est esgale-
ment insensible, & à la bonne & à la mauuaise fortune.

Si l'esprit se pouuoit di-
uiser, la raison en seroit vne
partie.

Scipion trouue l'art de vaincre des inuincibles, en for-
çant les habitans de Numan-
ce de s'immoler eux-mesmes
à leur propre fureur.

Rien n'est honneste qui
ne soit libre.

Le fardeau s'apesantit sur

les espaules de celuy qui se
mesfie de ses forces.

Il n'y a que la raison seulle
qui soit immuable & constan-
te en ses iugemens.

La vertu n'est qu'vne
droicte raison.

Vn homme est vertueux à
l'esgal qu'il est raisonnable.

Il est plus aisé de resister à
la mauuaise fortune, qu'à la
bonne.

Le Tyran de Mutius fut
jaloux de sa gloire.

Mutius adoucit la cruauté
de son Tyran, par la constance à souffrir son suplice.

Epist. 67.   Les maux ne sont pas desi-
rables, mais bien la patience

à les souffrir.

Il faut viure pour autruy
aussi bien que pour soy-mesme. *Epist. 70.*

Toutes les pensées sont
belles & inutilles, si l'eternité
n'en est l'object. *Epistre 71.*

La vraye sagesse consiste à
cognoistre le bien & le mal,
pour fuyr celuy-cy , & suiure
l'autre.

Regulus en gardant la foy
qu'il auoit donnée à ses ennemis, força la nature de violer les loix qu'elle auoit pres-
criptes, d'enseuelir toutes choses dans vn tombeau d'oubly,
puis que la memoire de cét
action doibt estre eternelle.

Le trauail est le supplice du feneant.

La verité & la vertu ne paroissent que vollées icy bas.

Vn grand courage ne se represente l'horreur des dangers qu'il doibt courre, qu'apres les auoir franchis.

Epist. 74. Celuy qui ne craint rien se peut dire heureux.

La vertu mesprise tout, parce qu'elle n'a besoin de rien.

Quand la memoire du passé, & la crainte de l'aduenir affligent vn esprit, il se peut dire malheureux, puis que le present ne l'inquiete pas moins.

Epist. 75. La theorie de la sagesse est inutille, il faut mettre en pratique ses preceptes.

Encore qu'on nous propose trois sortes de biens, l'vtile, le delectable, & l'honneste, le dernier est le seul souhaitable.

Ceux qui suiuent la voye de la Iustice, ne la craignent point, puis qu'en la suiuant, ils sont tousiours à l'ombre de sa protection.

Aucun n'est sage par hazard. *Epist.* 76.

L'homme n'a rien de bon en soy que la raison.

La vertu tient vn milieu entre la bonne & la mauuaise fortune, n'estant pas touchée de l'horreur de celle-cy, ny esblouye de l'esclat de l'autre.

Comme la nature ne nous

faict point conceuoir des de-
firs inutilles, celuy d'eternifer
noftre vie nous perfuade qu'il
y en a vne autre dont nous
iouyrons apres celle-cy.

Epift. 77. Celuy qui demeure vne année dans le monde apres auoir
atteint l'aage de raifon, fcait
tout ce qu'on y faict.

Epift. 79. Comme la gloire eft l'ombre de la vertu, elle fuit les
grands hommes iufques au
tombeau.

Rome ne cogneut Caton
que quand elle le perdit.

La vertu de Rutilius feroit
incognuë fi on ne luy euft
faict iniuftice.

Le fameux Epicure tira vanité en mourant d'auoir veſcu en incognu.

Il ne faut pas que l'ingrati- *Epiſt. 81.* de nous empeſche de bien faire, il vaut mieux que les bien-faicts ſe perdent dans les mains des ingrats, que dans les noſtres.

Encore qu'on ayme la ſoli- *Epiſt. 83.* tude, il y faut viure à la veuë de tout le monde, pour y trou-uer le repos qu'on y cherche.

Les ſages ne ſont pas inſen- *Epiſt. 85.* ſibles aux paſſions, mais ils triomphent d'elles par la force de leur vertu.

Les vices ne s'aneantiſſent pas, mais ils s'afoibliſſent par la pratique des vertus qui leur ſont contraires.

Le ſage ne ſe peut dire maiſtre de ſes paſſions que par la derniere victoire qu'il emporte ſur elles.

La vertu & la volupté ſe confondent enſemble , puis que l'homme vertueux eſt touſiours content.

La ſageſſe eſt le ſeul bien ſouuerain de la vie.

Vn homme de cœur ne craint point les dangers, mais il les fuit.

Comme il n'y a rien de bon que la vertu, il n'eſt rien de mauuais que le vice.

Phidias a faict autant de ſtatuës de luy-meſme, qu'il

en a taillées.

Si l'on trouue l'art de dompter la fœrocité des Tygres
nos paffions ne font pas in-
domptables.

Scipion ne voulut pas fe *Epift. 86.*
plaindre de fa patrie, afin
qu'en fa faueur la pofterité
gardaft le filençe qu'il s'impofoit.

Ce parfaict Romain fe ren-
dit plus admitable quand il
abandonna fa patrie, que lors
qu'il la defendit.

Caton & Scipion firent la *Epift. 88.*
gloire de Rome, l'vn en com-
batant fes ennemis domeftiques, & l'autre en triomphant
de fes ennemis eftrangers.

Epiſt. 89.   C'eſt reüſſir en l'étude de
la Geometrie quand on a-
prend la meſure de ce que
peut ſuffire à noſtre vie pour
en trouuer le repos.

C'eſt eſtre grand Arithme-
ticien , de tenir conte de
tous les momens de la vie,
pour les employer vtilement.

Il eſt inutile de ſçauoir di-
uiſer vn champ en parcelles,
ſi on ne ſcait faire la diuiſion
du bien d'autruy auec le
noſtre.

Il eſt inutille de preuoir,
ce qu'on ne ſcauroit fuyr.

Encore que toutes choſes
puiſſent arriuer, il ne s'enſuit
pas que tout ce que nous
apre-

apprehendons nous arriue.

La Philofophie eſt la ſeulle ſcience qui n'emprunte rien des autres.

La ſageſſe enſeigne les cho-ſes & non pas les paroles.

Il y a fort peu de ſcauans, parce qu'on n'eſtudie iamais le neceſſaire, & l'on aprend touſiours l'inutile.

Dydimus Grammerien fut malheureux d'auoir eu le loi-ſir de compoſer quatre mille volumes, & il l'euſt eſté beau-coup plus encore ſi on l'euſt condamné à les lire, pour pu-nition d'auoir employé ſi mal ſon temps.

Le titre d'homme de bien

M

est le plus glorieux de tous.

Parmenides asseure qu'il n'y a qu'vn seul estre.

Protagoras estoit de cette opinion qu'il n'y auoit rien de veritable en la nature que cette verité.

Toute la nature n'est qu'vn ombre, puis que tout s'enfuit comm'elle.

Il faut estudier, non pas pour sçauoir seulement ce que les autres sçauent, mais pour s'en seruir mieux qu'ils ne font.

La Philosophie est le desir de la vraye raison.

Epist. 90. La nature nous faict viure, mais la Philosophie nous faict bien viure.

Tout le monde raifonne mais il y a fort peu de gens raifonnables.

Encore que la raifon nous foit naturelle, il n'eft rien fi difficile que d'en bien vzer.

Alexandre fut honteux de *Epiſt. 91.* fon ambition, quand il fceut que la terre n'eſtoit qu'vn point, qui marquoit le milieu du cercle, où il eſtoit enfermé.

Les morts ne mendient ia- *Epiſt. 92.* mais leur tombeau, l'horreur qui les enuironne contrainct les viuans à les enfeuelir.

L'on a befoin de la faueur *Epiſtre 93.* du deſtin pour viure long-temps mais pour bien viure,

M ij

cela depend de nous.

La plus belle Epitaphe qu'on mit sur le tombeau de Pompée, fut celle qu'on y lisoit autrefois en ce seul mot *fuit* il a esté, parce qu'il comprenoit tout ce qu'on pouuoit dire.

Quand vn homme a vescu autant de temps comme il luy en falloit, sa vie a esté assez longue.

Epist. 94. Vn homme raisonnable se faict tousiours vne mesme leçon, ayant l'honneur pour object, & le deuoir pour regle.

Celuy qui vit sans attache dans le monde se peut dire

heureux, puis qu'il donne fort peu de prise à la fortune, dans les combats qu'elle luy liure, de triompher de luy.

Dieu se seruoit de l'ambition d'Alexandre pour punir les ambitieux, en attendant qu'il eust franchy la moitié de sa carriere, où il deuoit trouuer son tombeau.

C'est illustre Tiran fist taire Athenes & seruir Lacedomono.

Marius ne fut qu'vne fois Consul, puis que toutes les autres fois il achepta cette soueraine dignité.

La solitude est vne Eschole où l'on peut aprendre le mal

de mesme que le bien.

La magnificence est accompagnée ordinairement de la vanité.

Ceux qui se font seruir en vaisselle d'argent, voudroient tous les iours disner en public, s'il leur estoit permis.

Celuy qui se pare de sa robbe de pourpre, ne passe pas la iournée dans sa chambre.

Epist. 95.　Ceux qui suiuent la volupté ne vont pas loing à sa suite, la plus grande partie demeure en chemin.

Il n'est point de vie si reglée qu'elle n'ait eu autrefois son dereglement.

Les preceptes nous peuuent bien enseigner le chemin qu'il faut tenir pour suiure la vertu, mais il faut marcher apres elle, pour ne s'esgarer pas.

La vie qui n'a point d'object determiné, se passe sans y penser.

L'obeissance est tousiours fauorit des Dieux, comme vn sacrifice qui conuient à leur authorité souueraine.

Le premier honneur qu'on doibt à Dieu, c'est celuy du culte, en luy dressant vn autel dans nos ames pour y sacrifier à tout moment nostre propre volonté.

M iiij

Les Dieux ne peuuent receuoir injure, n'y en faire.

Toutes les choſes periſſables ſe forment dans vn moule à la lumiere du Soleil, comme pere commun, auec la nature de tout ce que nous voyons icy bas.

Tubere conſacre ſa pauureté dans le Capitole, apres auoir employé toutes ſes richeſſes au ſeruice de la Republique.

Epiſt. 96. La veſſelle d'or de Cæſar changa mille fois de maiſtre, & celle de terre dont Arbo ſe ſeruoit eſt touſiours en depoſt entre les mains de la poſterité, pour la faire admirer à tous les Siecles.

Vne soufmission volontaire doibt preuenir la necessité de l'obeissance, pour la réndre plus agreable que le sacrifice.

Celuy qui absout vn crimi- *Epist. 97.* nel, l'est plus que luy.

Clodius acusé d'adultere auec la femme de Cæsar, trouua le moyen d'en conuaincre les Iuges pour se faire absoudre le premier.

Le Siecle de Caton fut rempli de tant de vices & de tant de méchancetez qu'il en mourut de regret.

La fortune a garanti beaucoup de coupables de la punition, mais non pas de la crainte, parce que le crime la produit.

La nature a graué de sa propre main, l'horreur de toutes les choses qu'elle a condamnées.

Epist. 98.   Tous les biens du monde sont de mesme nature que ceux qui les possedent.

La vie est beaucoup plus effroyable que la mort à celuy qui la souhaite.

Epist. 99.   Le temps passé est à nous d'vne maniere toute miraculeuse, puis qu'en changeant de nature, la memoire nous le rend present.

Le passé & l'auenir nous peuuent estre esgallement agreables, l'vn par le souuenir, & l'autre par l'esperance.

Vn mal commun & ineuitable nous interdit les plaintes.

Quelle folie de trouuer à dire qu'en alant tous ensemble au tombeau, vn de la compagnie se soit auancé d'vn pas, pour prendre le deuant.

Vne mesme necessité tient attaché tous les hommes auec vne chaisne de sa façon, dont l'estreinte est eternelle.

Le temps q u'on passe inutilement dans la vie, en faict plus de la moitié.

Dans tous les voyages qu'on faict, on atend auec impatience le iour de l'arriuée.

L'on doibt toufiours pre-
ferer le deuoir à l'accouftume.

Le fage Pleure parce qu'il
eft homme, mais il effuye fes
larmes parce qu'il eft raifon-
nable.

*Epiſt.*101.   C'eft vne grande folie de
difpofer du landemain puis
que nous n'auons pas vn feul
moment en noftre difpofition.

L'on s'acouftume à tout,
& l'on ne fçauroit s'acouftu-
mer à mourir, quoy qu'on
meure fans ceffe.

Vn ame irrefoluë eft tour-
mentée d'vne crainte dont
elle ne peut guerir.

Vne longue vie, eft vne

longue recepte dont il faut rendre compte.

La nature foüille tous ceux *Epiſt. 102* qui ſortent de ce monde, puis qu'ils y ſont entrez ſans auoir rien de propre.

Le corps a beſoin de chan- *Epiſt.104* ger d'air pour recouurer ſa ſanté, mais l'ame a cét. aduantage de pouuoir guerir de ſes maladies en tous lieux.

Celuy qui porte auec luy ſes vices ne deuient pas vertueux en voyagant.

Le cœur ſouffre tout ce que l'eſprit s'imagine de ſouffrir.

Quel moyen de fuyr la mort, puis qu'elle nous eſt auſſi propre que la vie.

Le sage est toufiours du party de la raifon contre la nature mefme.

Tout ce qu'on ne peut faire paroist impoffible.

La vie est toufiours agitée dans cette mer du monde, fans y pouuoir trouuer d'autre port, que celuy du tombeau.

Caton vefcut heureux fans l'ayde de la fortune, & Socrate mourut content malgré elle.

Cæfar alteré commence d'eftancher fa foif en voyant boire fes Soldats, quoy qu'il boiue le dernier.

Caton ne pouuant fauuer la Republique fé condamne ou à la mort ou à l'exil, apres auoir preueu que le regne des deux Tirans luy seroit insuportable.

La complaisance à parler est vn espece d'ivrongnerie *Epist.106* qui nous porte souuent à des-couurir nos secrets.

L'eternité des choses n'est *Epist. 107* establie que sur le fondement, de leur vicicistude continuelle.

Le premier pas que nous *Epist.108.* faisons dans la vie nous enga-ge à courre dans sa penible carriere, sans nous pouuoir arrester qu'apres l'auoir fran-chie.

La vie n'a rien de veritable que le passé, puis que le present ne subsiste que dans l'auenir.

Vn homme raisonnable se

guerit de la crainte , puis
qu'elle eſt egalement inutile,
& dans les maux ineuitables,
& dans les maux incertains.

Tous les plaiſirs des ſens ſe
deſtruiſent d'eux-meſmes, puis
qu'ils ne peuuent ſubſiſter
qu'en paſſant.

Tout ce que l'œil voit n'eſt
que chimere , tout ce que
l'oreille entend ſe diſſipe dans
l'air qui en faict eſclater le
bruit, Tout ce qu'on a man-
gé faict horreur , & tout ce
qu'on touche n'eſt que terre.

La nuict qui ſuit le iour du
triomphe nous faict cognoiſtre
en tirant le rideau ſur les belles
cheſes que nous auons admi-
rées.

rées, que les plus admirables
ne font que paſſer.

Tous les hommes ſont im-   *Epiſt. 114*
parfaicts, & le plus accomply
c'eſt celuy qui a moins de de-
fauts que les autres.

Quand l'ame ne ſeroit aſ-
ſujetie qu'à vne ſeule paſſion,
elle ſeule pourroit cauſer ſa
perte.

Quand la vieilleſſe nous
oſte le gouſt des plaiſirs nous
excitons inutilement le gouſt
par noſtre imagination, elle
eſt trop foible pour en con-
ſeruer les idées.

Les paroles depeignent par-   *Epiſt. 115*
faitement vne ame, parce que
comme elles ſont immate-

rielles, elles seules peuuent faire son portraict.

Il n'est rien de plus beau qu'vne belle ame; & quoy qu'elle soit inuisible, sa beauté charme nostre esprit par la seule pensée qu'il en a.

Vne belle ame se faict cognoistre par les beaux sentimens qu'elle inspire.

Epist.116. Les delices innocentes ont des douceurs qui passent iusques à nos ames.

L'ame a ses plaisirs aussi bien que le corps.

L'on ne doibt pas trouuer estrange, si l'on ne sçauroit maistriser la passion de l'amour, puis qu'elle tire sa for-

ce d'vn sujet dont on ne co-
gnoist pas la puissance.

Les charmes de la flaterie
sont d'autant plus dangereux
qu'ils excitent nostre amour
propre, dont le feu ne s'éteint
iamais.

La nature ne demande que *Epist.199.*
le necessaire, & la volupté ne
souhaite que l'agreable.

Le ventre se laisse remplir
de ce qu'on veut, mais c'est
la bouche qui veut faire l'essay de tout ce qu'on luy donne, pour se satisfaire la premiere
par le plaisir qu'elle y prend.

La nature ne refuse iamais
de l'eau aux alterez, mais quoy
qu'elle ait le pouuoir d'éten-

dre la soif, les voluptueux
cherchent les moyens de la
conferuer apres l'auoir mo-
derée, fans en amortir iamais
le feu.

Celuy-là fe peut dire riche,
à qui rien ne manque que le
fuperflu.

Quand Dieu donne le necef-
faire, on ne fçauroit faire des
vœux que pour l'inutile.

Alexandre cherchoit vn autre monde, apres s'eftre rendu maiftre de toute la terre,
& il n'en eut befoin que de
fept pieds pour fon tombeau.

Les richeffes excitent le de-
fir d'en amaffer de nouuelles,
comme fi leur iouyffance

estoit vne priuation.

Encore que la nature ne demande qu'à boire & qu'à manger, c'est le prix de la boisson & de la nourriture qui apauurit les plus riches.

La santé de l'ame vient du repos de la conscience.

Fabricius ayme mieux courre le hasard du combat auec son ennemy, que d'en triompher par trahison.

Horatius Cocles trouue le moyen de resister luy seul à vne Armée entiere, à l'entrée d'vn pont, tandis qu'on le rompt derriere luy pour sauuer sa patrie.

Le Dictateur Camile triom-

phe des Phalisques en refu-
fant les armes que la Fortune
luy prefentoit pour les vaincre, lors qu'il leur renuoya
genereufement tous leurs enfans, qu'vn infidele Precepteur luy auoit liurez.

Il faut agréer tous les malheurs qui nous arriuent, puis
qu'ils nous font écheus en
partage.

Il eft inutile de fe plaindre
& du Temps & de la Fortu-
ne, celle-cy ne fçauroit ar-
refter le mouuement de fa
rouë, ny l'autre alentir les
pas de fa courfe.

Celuy qui fe fouuient d'où
il eft venu, fcait où il va, &

où il doit retourner.

Les faueurs de la fortune font des glaces de miroir qui flatent fi fort œux qui s'y regardent, qu'ils ne fe cognoiffent plus.

Ceux qui font mal-fains doiuent fe reprefenter la neceffité de leur prompte retraite, ne pouuant demeurer long-temps dans vne maifon qui tombe en ruyne.

Chacun faict fon horofcope pour le temps qu'il doit viure fur la regle de l'âge qu'il a, fans confiderer que cette regle eft fauffe, puis qu'on meurt à tous momens.

Quoy que nous poffedions

N iiij

nous n'auons rien de propre
que la douleur & la mort.

De tous les biens que nous
acquerons nous n'en auons
que l'vsage & le titre de leur
possession qui se renouuelle
par grace à toute heure, puis
que nous n'auons pas vn seul
moment d'asseuré.

Le sage l'est tousiours, il ne
connoist le changement qu'en
changeant de vie.

Ceux qui font diuers per-
sonnages n'en sçauroient representer vn parfaitement.

Ceux qui changent sou-
uent de visage n'ont pas le
cœur bien assis.

Il faut se faire cognoistre

pour se faire aymer, puis que la cognoissance precede l'amour.

L'amitié est vne communauté de sentimens & de volontez, de ioyes, d'affliction, de bonne & de mauuaise fortune.

Il faut s'abandonner à la *Epist.* 121. conduite de la Prouidence quand on veut reüssir en ses desseins, parce que nostre iugement est trop sombre pour nous esclairer.

L'enfance des animaux est de courte durée, & celle de l'homme dure souuent autant que sa vie, puis que l'vsage de la raison luy est inutile.

Les beftes n'ont pas befoin d'experience pour s'inftruire comme les hommes, elles fcauent en naiffant tout ce qui leur eft conuenable de fcauoir.

Tout ce que l'art aprend eft incertain, & tout ce que la nature enfeigne eft ftable.

Vn homme vitieux eft affez puny quand il eft cognu pour tel.

Epift. 123. L'on ne s'ennuye iamais à la fuite de la vertu, quand on a de l'amour pour elle.

Plus on laiffe de bien aux heritiers & moins eft-on regretté d'eux.

L'on ne deuient iamais fage par hazard.

L'étude faict les sçauans.

La volupté ne faict point d'aprentifs qui ne soient maiſtres en peu de temps.

La pauureté n'eſt effroyable qu'à ceux qui la fuyent.

L'on ne sçauroit acuſer le deſtin d'iniuſtice, puis qu'il n'a iamais faict grace à perſonne.

Tous les plaiſirs changent de nom, s'ils ne ſont innocens.

Si nous ne rompons de bonne heure les liens dont la volupté nous enchaiſne, nous les emportons dans le tombeau.

C'eſt vne lamentable Hiſtoire que celle de nos plaisirs passez.

Il y a bien plus de gloire à triompher des malheurs, que de satisfaction à n'estre iamais malheureux.

La plus forte partie du corps est celle qui est le plus en action.

La frequente veuë des dangers en donne le mépris.

L'habitude à souffrir en adoucit la peine,

La nature subit les loix que la coustume luy prescrit, sachant qu'elle mesme en adoucit la rigueur.

La necessité faict trouuer de la douceur par le temps, dans les choses les plus ameres.

Ceux qui regardent la neceffité dans leurs fouffrances fe trouuent foulagez.

La gloire ne couronne que ceux qui le meritent.

La Fortune ne nous ofte point ce que nous luy rendons de bonne grace.

Il eft iufte que les gens de bien trauaillent toufiours, puis que chaque moment de leur trauail rehauffe l'éclat de la couronne qui leur eft defti. née.

Demetrius affaiffé du pefant fardeau de fa couronne, prie continuellement les Dieux d'en affliger quelque autre.

La Fortune ne fçauroit

mieux defcrier fes faueurs qu'en les donnant à ceux qui ne les meritent pas.

La pareffe eft vn fommeil qui tient affoupy l'efprit pour le rendre inutile à toutes chofes.

Vn dommage public confole tout le monde.

L'ame qui fe cognoift ne fouhaite rien que la iouyffance de celuy qui l'a créée.

La pauureté volontaire eft preferable à tous les plus grands trefors.

L'on ne faict ny vœux, ny plaintes au deftin.

On ne porte iamais de l'encens que par force, fur les

autels de la necessité.

L'Or s'epreuue par le feu, & l'homme par la misere.

Le mépris des richesses est le plus solide de tous les tresors.

Celuy qui est heureux ne peut iouyr de son bonheur, que comme il iouyt de la vie du iour à la iournée.

Comme les biens perissables sont le partage des meschans, les felicitez eternelles sont la recompense des bons.

De quelque disgrace dont Dieu afflige ses eleus, la consolation qu'il leur donne leur est beaucoup plus sensible.

Les crimes sont les verita-

bles malheurs, toutes les autres disgraces sont des petites
afflictions, dont on peut estre
consolé.

La perte que les hommes
de bien font de leurs enfans,
n'est qu'vne separation d'vn
iour, puis qu'ils peuuent se
reuoir le lendemain.

Quand on perd les biens
de la fortune, & que celuy
de la patience nous reste,
nous sommes plus riches
que iamais.

Ceux qui cherchent le re-
pos hors d'eux-mesmes ne le
trouueront iamais.

Ceux qui sçauent vouloir
ce que Dieu veut, n'ignorent

rien

rien de tout ce qu'il faut a-
prendre pour se sauuer.

Les grandes ames treuuent
leurs delices dans le mespris
de celles du monde, sçachant
que ses ioyes ne font que
passer.

Ceux qui trouuent à dire
à toutes choses sont ennemis
de leur repos, parce qu'ils se
plaignent toussiours, & personne ne les écoute.

Il faut souffrir de bonne
grace ce qu'on doit souffrir
necessairement.

Les plaintes sont inutiles
dans vn mal incurable.

Comme les loix de la Pro-
uidence ne se violent iamais, *De la Pro-uidence.*

O

l'obeiſſance eſt neceſſaire, &
la reſiſtance inutile.

Puis que nous ne ſommes
nais que pour obeïr, il faut
touſiours viure dans l'obeiſſance, afin qu'en mourant elle
ſoit couronnée.

Les morts n'ont iamais manqué de terre, & les viuans
n'en ont iamais aſſez.

L'ordre eſt l'ame du mon-
de, & cette ame viſible, contre ſa nature, conuainq les
Athées.

Timoleon le Philoſophe diſoit que les ſages ne dife-
roient des Dieux que par le
Temps ſeulemeut, parce
qu'ils poſſedoient l'éternité

en propre.

Comme toutes les eaux dou-
ces qui se precipitent dans la
mer par autant de pantes qu'il
y a de fleuues, ne peuuent
adoucir son amertume ; toutes les afflictions du monde
ne sçauroient alterer le repos
d'vne ame innocente.

O le bel spectacle digne de
l'admiration des Dieux s'écrie
vn Philosophe, de voir Caton
aux prises auec la fortune:
celle-cy luy faict la loy, mais
en la receuant il triomphe
d'elle.

Caton emprunte de son courage la force de mourir, pour
n'estre pas redeuable à Cæsar

de la liberté de viure.

Comme vn homme de bien eſt plus digne d'enuie que de pitié dans ſes infortunes, il n'a pas beſoin de conſolation.

L'on ne ſçauroit ſe plaindre auec raiſon, d'vn mal neceſſaire pour noſtre bien.

Quand les diſgraces de la fortune ne ſeruent qu'à faire pareſtre la force de noſtre conſtance, la gloire qui nous en demeure nous doit eſtre plus ſenſible, que le mal qu'on en ſouffre.

La fortune n'ataque iamais ceux qui ne luy reſiſtent pas.

Tout ce qui eſt amer au

gouſt des ſens ne l'eſt pas au iugement de l'eſprit.

Le Soleil ne luit touſiours, que pour ceſſer de luire, puis qu'en ſeruant de meſure au Temps doit marquer ſa durée:

Rutillius, puny pour auoir gardé ſa parolle, ſomma tous les Siecles en mourant de venger ſa memoire, contre tous ceux qui luy refuſeroient des Eloges.

Socrate fit des ialoux de ſon deſtin auſſi bien que de ſa conſtance, lors qu'en mourant il beut vn verre de poiſon à la ſanté de ſon geolier.

Comme tout le monde regarde le Soleil, quand il eſt

eclipſé, tout le monde faiɗ des vœux au Ciel, quand il faiɗ éclater à nos oreilles le bruiɗ de ſes foudres.

Phocion ayme beaucoup mieux eſtre au nombre des Proſcrits que des Tyrans.

Chacun peut ſuiure les ordres qui luy ſont preſcrits, mais celuy qui obeit de bonne grace couronne ſon obeiſſance luy-meſme, auant qu'elle ayt emporté le prix.

Les Cieux en ſe mouuant ſuiuent les ordres de leur deſtin, & marquent celuy de toutes les choſes crées.

Les grands courages cherchent les grands perils pour ſe

faire cognoiſtre dans le mépris qu'ils en feront.

Toutes les lignes du cercle
de la vie aboutiſſent à la mort ;
puis qu'elle en eſt le centre.

Ceux qui ſont comblez de
bonheur, ont ſujet de ſe plaindre de la fortune, parce que
n'ayant rien à eſperer ; ils ont
tout à craindre.

Ceux qui n'ont jamais eſté
malheureux ne trouuent point
de conſolation dans leurs diſgraces.

Pour reparer la perte du
temps paſſé, il faut bien employer le preſent, & ne ſouhai-
ter l'auenir que pour en faire
vn pareil vſage.

Tous nos jours de ioye &
de tristesse sont marquez dans
vn almanach qui a esté fait a-
uant le temps.

La prouidence s'interesse
tousiours en la protection de
ceux qui s'abandonnent à sa
conduite.

Il y a vne prouidence vengeresse qui dispose du temps
pour punir les coupables, &
pour faire voir qu'il y a vne iustice qui regne tousiours.

C'est vn meschant mestier
de ne sçauoir, ny viure, ny
mourir, celuy qui murmure
contre sa destinée, se plaist à
parler, quand on ne l'écoute
pas.

Ceux qui aprennent à bien viure pour bien mourir, se peuuent dire par auance les plus sçauans du monde.

Comme la prouidence dispose souuerainement de toutes choses nostre volonté sousmise, est la plus digne offrande que nous pouuons porter sur ses autels.

Les esprits forts ne sçauroient faire cognoistre leur force qu'en subissant auec respect les loix qu'on ne peut violer.

La prouidence est l'ame du monde, elle luit dans le soleil & mesure la durée de toutes choses, auec le temps.

Les ordres souuerains nous

doiuent aprendre à obeïr, plutoſt qu'à raiſonner.

La maniere d'obeïr fait le merite de l'obeiſſance.

Tout le monde peut obeïr ; mais il n'apartient qu'aux belles ames d'obeïr de bonne grace.

Il n'y a que les aueugles volontaires qui ne connoiſſent point la Prouidence , puis qu'elle ſe fait voir par autant de diferens objetz qu'on trouue d'indiuidus en la nature.

Tout eſt adorable en la prouidence , iuſques à ſon nom puiſqu'il a cette diuine vertu de nous faire comprendre qu'elle comprend tout, ſous l'étenduë de sa souueraineté.

Celuy qui se confie à la prouidence donne vne caution à ses justes desirs, puisqu'il a droit d'en esperer l'accomplissement.

C'est raisonner fort mal de raisonner contre la prouidence ? puisque ses ordres ne se peuuent changer.

Les ordres qu'on voit dans le monde sont plus anciens que luy ? à quoy sert d'y trouuer à dire, la sousmission de l'esprit est plus vtile que son raisonnement.

Tous les reformateurs de la nature en parlent comme vn aueugle des couleurs? les Dieux veulent eftre adorez par des muetz.

Le filence que Pitagore impofoit à fes difciples les difpofoit d'aprendre toute forte de fciences, en les obligeant de prefter long-temps l'oreille, auant que d'ouurir la bouche.

La fcience de la vie eft la plus belle fcience de toutes? & pour fçauoir viure, il faut fçauoir fe taire.

Comme nous ne fommes nais au monde que pour y paffer, puifque nous marchons toufiours, il ne faut s'entretenir que du chemin que nous auons encore à faire, afin deuitter les mauuais pas, ou ceux qui nous déuancoient ont bronché.

Ceux qui se plaignent des loix de la prouidence violent sans doute celles de la raison? & comme ils sont desia coupables leurs plaintes crient vangeance contr'eux mesmes.

Ceux qui regardent tous les malheurs qui leur arriuent dans la necessité de les souffrir, elle mesme leur sert de consolation.

L'oisiueté est le sommeil de la vie? celuy qui n'a point d'ocupation est endormy.

Ceux qui passent leur vie à joüer, sont bien étonnez quand le iour leur manque, d'auoir perdu auec le temps les pretentions qu'ils auoient pour l'éternité.

Le sage ne sçauroit broncher sans tomber, tous ses faux pas sont pris pour des cheutes, tout le monde veut passer le temps, & le temps se passe si viste, qu'on a de la peine à conceuoir sa vitesse ? mais il a beau s'enfuir, le passé est aussi agreable que le present à ceux qui viuent sans reproche, puisque le souuenir du bien qu'on a fait, en est vne continuelle recompense.

Comme les ordres de la prouidence ne se peuuent changer ? il en faut adoucir la rigueur par vne obeissance aueugle.

La vie ne nous a esté donnée que pour viure éternellement, puisque le temps nous
conduit à l'éternité.

Quand vn homme est mort
il est inutile de conter son age,
le dernier moment de sa vie
a fait son destin pour vne éternité.

Nous auons beau estre ri-
ches les richesses demeurent
à la terre qui les a produites ? &
de tout l'or qui demeure
dans nos coffres, nous n'en
pouuons parer que nos tombeaux.

La fortune nous peut faire
des presens en ce monde ; mais
elle n'a rien à nous donner pour

l'autre ; & c'eſt à quoy nous deuons prendre garde pour n'eſtre pas ſurpris.

La vie paſſe comme vn ſonge, ſans y ſonger: l'on a beau jetter les yeux ſur l'almanach, & preſter l'oreille à l'horloge; comme on ne fait point reflexion ny ſur l'vn, ny ſur l'autre, le iour du depart arriue, & l'heure ſonne lors qu'on y penſe le moins.

Ceux qui ſe plaignent de la brieueté de la vie, en font vn mauuais vſage.

Le meſtier d'employer bien le temps n'eſt pas difficile à aprendre: il ſufit de ſçauoir ou l'on va, pour ne s'endormir pas

en chemin

en chemin.

Ceux qui marchent par le droict chemin, ne trouuent point la vie ny courte ny longue.

Ceux qui ont bien employé leur journée voyent coucher le Soleil auec plaisir, puis qu'ils atendent leur salaire.

La plus longue vie ne dure qu'vn iour? & ce iour ne consiste qu'en vn moment, d'où depend l'éternité.

La maniere de viure faict le repos ou l'inquietude de la vie.

Tout le monde vit, & fort peu de personnes sçauent viure, c'est vne science qu'il faut estudier pour y reüssir.

L'on peut aprendre l'aage qu'on a par le bien qu'on a faict, toutes les autres preuues sont inutiles.

Encore qu'on ait vieilly dans le monde? on ne commence à viure que dés le moment qu'on commence à suiure la vertu.

Si tout le temps qu'on employe à la suite de la volupté, est perdu; on se trouue fort ieune dans la vieillesse.

Du mé-
pris de la
mort.

La pensée continuelle de la mort en oste l'horreur.

La mort a ses plaisirs aussibien que la vie, & si la nature rend douce & agreable celle-cy, la raiſon ne fait pas trouuer l'autre moins delicieuſe.

Puiſqu'il faut mourir de neceſſité, l'étude de la mort eſt ſi neceſſaire, que tous les autres ſont inutils.

Comme nous ne ſçauons rien faire que pecher, & mourir, donnons quelque relâche à ce premier metier de volonté, & de penſée, & exerçons l'autre continuellement ; mais de ſi bonne grace, que noſtre exemple faſſe mille heureux aprentifs.

Il n'eſt rien de plus doux que la mort, quand vne vie innocente l'a deuancée.

L'horreur de la vie faict

l'horreur de la mort; le Soleil couchant d'vne belle iournée, ne paroiſt pas moins agreable qu'à ſon leuer.

Tout ce qu'on dict des horreurs de la mort veut eſtre eprouué, il faut mourir neceſſairement pour ſçauoir ce qu'on en doibt croire.

Il faut ſe mettre en eſtat d'attendre la mort ſans inquietude, pour ne la craindre pas.

Comme l'innocence de la vie en faict tous les plaiſirs, c'eſt l'innocence meſme qui produit toutes les douceurs de la mort.

Vn homme de bien n'a

point de peine à moutir, puis
qu'il ne regarde le bout de sa
carriere, que dans l'esperance
d'y estre couronné.

Comme la mort n'est ef-
froyable que quand on la
regarde de costé du monde,
ceux qui le meprisent ont
cét aduantage de la souhaiter,
plutost que de la craindre.

A quoy sert de ne vouloir
pas mourir, la resistance qu'on
faict est vn premier essay d'v-
ne seconde gesne, puis que
nous augmentons nostre douleur d'vne nouuelle encore.

La necessité ne faict iamais
cognoistre ses loix inutilement
à des hommes raisonnables,

puis qu'ils ne raiſonnent que pour obeïr.

Comme le deſtin eſt immuable, on doit parler à luy comme on parle à vn rocher, ſans eſperance d'eſtre exaucé.

Si la vie eſtoit immortelle auec la miſere qui l'acompagne inſeparablement ? les Dieux diſoit Criſipe ne nous pourroient donner, que des conſolations pour faueurs.

Puis que nous viuons du iour à la iournée, il faut viure ſans reproche, l'incertitude de la mort doit rendre noſtre vie innocente.

Il n'y a que les eſprits foibles ou les méchans qui aprehendent la mort, ceux-cy par l'aprehention de l'auenir, puis qu'il y a vne Iustice vengeresse, & ceux-là par vn sentiment de nature, ou d'atache au monde.

Le plus ou le moins de la vie est trop peu de chose pour y prendre garde.

Auiourd'huy ou demain ne sont qu'vne mesme chose apres demain : Le temps s'abisme dans le temps, & il n'y a que ceux qui en tiennent conte qui se peuuent méconter.

Celuy qui prend le temps comme il vient est le plus sage de tous, pourueu qu'il l'employe bien.

C'est le bon vsage de la vie,

& non pas la longueur qui en
faict les felicitez.

La mort n'est que le der-
nier soûpir d'vn nombre infiny, qui l'ont deuancé.

La mort n'est que la priuation d'vne penible vie, comme
sujette à autant de diuers malheurs, qu'elle peut auoir de
momens.

La mort n'est qu'vne separation d'vn moment, puis que
chaque moment de nostre vie
peut estre le dernier.

Ceux qui meurent apres
nous ne font que nous de-
uancer d'vn pas, puis que nous
marchons tousiours aprés eux
à perte d'haleine.

Vn habit plus ou moins qu'on peut vzer ou laisser à quelqu'autre, est si peu de chose, qu'on n'oseroit y faire reflexion.

Il faut conter nos longues années par nos bonnes actions, & se représenter que l'on commence seulement à viure quand on commence à bien faire.

Tous ceux qui ont parlé de la mort ne sont pas croyables, ce qui en est de veritable c'est son incertitude & son infalibilité.

Tout ce qu'on nous peut dire de la mort est vne fable, il faut mourir pour en sçauoir

la verité, mais il faut mourir
auec le iugement pour dire ce
qui en eſt.

Perſonne ne veut ouyr parler de la mort, & vn nombre
infiny de perſonnes meurent
en parlant.

Comme la mort nous eſt
auſſi propre que la vie, on doit
porter celle-cy de meſme qu'vn
peſant fardeau, dont on ſe deſ-
charge dans la ſepulture.

Encore que nous ne ſoyons
venus en ce monde ſans noſtre conſentement on n'en
peut ſortir ſans ordre ? & ſi
Caton euſt eu plus de raiſon
que de vanité, il auroit reſiſté
contre ſa propre tirannie.

Lucrece ayant perdu son honneur, sans sçauoir comment, quoy que ce fust par force, voulut consacrer la chasteté de sa memoire, n'ayant sceu consacrer la chasteté de sa vie.

L'homme orgueilleux a beaucoup de peine à mourir parce qu'il découure peu à peu la verité de son neant, d'où il ne s'est iamais aproché de pensée.

La mort n'est pas moins insuportable à l'auare, se voyant contrainct de sortir de ce monde auec la mesme pauureté qu'il estoit nay.

Comme l'innocence de l'a

me en faict la ioye, on n'a pas
beſoin de conſolation aux
aproches de la mort.

Il y a du plaiſir à finir ſes
peines, quand on en eſpere
la recompenſe.

Ceux qui ſe ſentent mourir
continuellement, par vne continuelle penſée de la mort ſe
la rendent peu à peu inſenſible.

Il faut regarder d'vn œil
ferme ce qui demeure ſtable
deuant nos yeux.

La neceſſité n'eſtonne que
les eſprits foibles.

Ce qui eſt ineuitable à tout
le monde ne choque perſonne.

La neceſſité n'a iamais eu

des Temples ny des Autels, & les vœux ne s'adreſſent iamais à elle.

La mort doit eſtre indiferente à tout le monde, il ſufit de mourir auec l'vſage de la raiſon, puis qu'elle ſeule nous peut ſatisfaire.

Les peres qui ſe plaignent de la mort de leurs enfans en ont oublié la condition periſſable ; que s'ils n'ont veſcu qu'vn iour, leur deſtin n'auoit pas marqué plus auant les limites de leur vie, c'eſt aſſez qu'ils ſoient entrez dans la carriere & qu'ils en ayent emporte le prix au premier pas de leur courſe.

Les plaintes inutiles ne font
iamais pitié.

Les esprits forts ne permet-
tent pas que le temps les console, apres auoir satisfaict la
nature, il faut s'aquitter de ce
qu'on doibt à la raison.

Les larmes moderées sont
iustes, les excessiues sont mes-
ceantes, & les continuelles
font voir nostre folie.

Comme la mort n'est qu'vne
absence, on ne doit pas pleurer les morts plus que les ab-
sens, nous pouuons voir à
toute heure & les vns, & les
autres,

Il vaut mieux auoir le cœur
innocent que l'esprit fort aux

aproches du tombeau.

Les sages ne reçoiuent iamais de consolation de la necessité, parce qu'elle force de prendre tous les remedes qu'elle donne.

Ceux qui pleurent sans cesse inutilement, s'aprochent peu à peu du tombeau, d'où ils voudroient faire sortir les autres.

Les sages se consolent de tous les malheurs qui leur arriuent pour en adoucir la peine? sçachant que leur inquietude inutile en augmenteroit la douleur.

Il est honteux de consoler vn homme qui a vieilly dans

le monde , quelque malheur qui luy soit arriué, puis que la raison ou l'exemple luy doiuent seruir de consolation.

I'excuse ceux qui n'ont iamais veu mourir personne de s'epouuenter à ce funeste object? mais puis qu'on s'acoustume à toutes choses, & qu'il n'est rien de plus frequent que le trespas ? il faut s'estonner d'vne mauuaise vie , plutost que d'vne doucé mort.

Ceux qui se plaignent long-temps d'vn mal incurable, ont manqué de courage ou de raison.

La belle vie faict mépriser la mort, & vne belle mort faict

faict mepriser la vie.

Il est honteux à celuy qui vit mal de tenir conte de son âge, puis que chaque iour de sa vie luy en reproche la durée.

Ceux qui ne veulent pas mourir, dans la necessité qui les y reduit, perdent la raison plutost que la vie? quand on ne veut pas suiure, on se faict traisner.

Le Page de Philipe auoit beau l'éueiller tous les matins pour luy faire souuenir qu'il estoit homme, il l'oublioit souuent, ce qui obligea Pausonias de luy en grauer vne derniere fois la verité dans les en-

Q

trailles à coups de poignard.

Vne belle vie paſſée, n'eſt point à regretter, puis que la memoire qui nous en demeure nous la rend preſente à tous momens.

Comme il n'eſt rien de ſi doux que le ſouuenir d'auoir bien veſcu, il n'eſt rien de plus amer que la penſée d'vne mauuaiſe vie.

Ceux qui cherchent la mort ſont bien eſtonnez à ſa rencontre, ſi vne belle vie ne l'a deuancée.

S'il y a fort peu de perſonnes qui pleurent à la mort, il y en a beaucoup moins encore dont la mort ne ſoit pleurée.

Comme on ne craint l'aue-nir qu'à cause du passé, on doit bien vzer du present.

Il. faut faire ses adieux au monde de bonne heure pour n'auoir point de regret à les quitter.

Les plaintes ont esté tous-iours permises aux malheu-reux ? mais ceux qui se plai-gnent fort haut n'ont pas be-soin de consolation, puis qu'ils se soulagent eux-mesmes.

De la con-stance dans les afflic-tions.

Comme il n'est point de douleur qui n'ait quelque in-teruale, il faut se seruir de sa durée pour fortifier l'esprit contre ses nouueaux efforts.

Les miseres d'autruy nous

peuuent rendre scauans à
triompher des malheurs, dont
la fortune nous menace, puis
qu'elles nous aprenent à les
éuiter par vne sage preuoyance.

Comme la patience est vn
don du Ciel, plutost qu'vn
present de la nature, il la faut
demander à celuy-là, auec la
force de contraindre celle-cy
à la receuoir.

Les affligez trouuent assez
de consolateurs, mais ils manquent d'ordinaire de soulagement, puis que le plus consi-
derable dépend d'eux-mes-
mes.

Dieu ne refuse iamais la

consolation qu'on luy demande, pourueu qu'on ne l'espere que de luy seul.

Le sage faict le muet en ses afflictions, parce qu'il scait bien que les plaintes sont inutiles.

Ceux qui scauent souffrir sans murmurer, trouuent leur consolation dans leur silence puis que Dieu le couronne tousiours quand la patience l'impose.

Il vaut mieux adresser nos prieres au Ciel que nos plaintes, parce que celles-cy ne font que l'irriter & les autres l'apaisent

La soufmission de l'esprit est plus necessaire dans les affli-

ctions que la force de courage, parce que celle-cy est
toufiours l'effet de l'autre.

Vn cœur foufmis aux vo-
lontez de Dieu eft l'abry des
coups de la fortune, puis que
celle-cy n'agit que par l'ordre
fouuerain de l'autre.

Comme les afflictions font
des chaftimens du Ciel, ie ne
m'étonne pas fi les affligez
font fans nombre, puis que
celuy des coupables eft infiny.

C'eft eftre heureux de pouuoir raifonner en fon malheur,
puis que la raifon confole tous
les fages.

Quand on cherche la gue-
rifon de fon mal fur la terre

on n'en peut estre soulagé
que pour vn temps, il en faut
attendre le souuerain remede
du Ciel, puis que luy seul le
peut donner.

Tous ceux qui s'adressent à
Dieu dans leurs afflictions se
treuuent consolez necessairement, ou en effet, ou en esperance, puis qu'il ne refuse
iamais la consolation à celuy
qui la luy demande.

Il n'y a que le Demon qui
puisse suggerer le desespoir
aux malheureux, puis que la
nature a voulu en nous donnant l'esperance qu'elle mou-
rust apres nous.

Ceux qui se consolent en

Dieu meprisent la consolation des hommes? mais comme on ne peut s'adresser à luy sans luy-mesme, il faut s'abandonner aueuglement à la conduite de sa prouidence afin qu'elle ne nous abandonne iamais.

C'est estre heureux en ses disgraces de les souffrir sans se plaindre, puis que la patience se couronne tousiours elle-mesme, apres auoir faict ses couronnes.

Comme on ne sçauroit éuiter les afflictions qui nous arriuent, il faut s'étudier à les souffrir constamment quand elles sont arriuées.

Encore que les malheurs

foient affectez à l'homme, la
maniere de les fouffrir depend
de fon raifonnement.

Vn miferable peut faire des
enuieux quand il fouffre con-
ftamment fes miferes.

Tous ceux qui fe plaignent
de la fortune, fe plaignent de
Dieu, puis que luy feul donne le mouuement à fa roüe.

La conftance dans les malheurs a cette diuine vertu d'en
adoucir la peyne, en apaifant
la cholere du Ciel qui nous
les a enuoyez.

Quand on prend l'affliction
qui nous arriue pour vn châ-
timent qu'on a merité, on
commence d'expier fon crime

par cette publque confeffion.

Comme la fortune eft le plus fort & le plus redoutable de tous nos ennemis, il y a plus de gloire à la vaincre que tous les autres enfemble.

Il y a plus d'honneur à vaincre nos ennemis domeftiques que nos ennemis eftrangers.

Quand on garde le filence dans vne grande affliction, Dieu permet qu'elle ne foit pas de longue durée.

Le calme eft beaucoup plus à craindre que la tempefte parce que celle-cy nous oblige à veiller, & l'autre nous tient toufiours endormis.

Ceux qui paffent leur vie

dans de continuels malheurs
ont droict d'esperer à la fin
vne grande fortune ; il est
croyable qu'apres auoir cueil-
ly les espines en marchant
dans leur penible carriere, ils
seront couronnez de roses au
bout.

Quand on sçait se resoudre
par vn raisonnement solide,
& par vne volonté determi-
née à prendre le temps comme il vient, on se peut consoler par auance de tous les
malheurs qui doiuent arriuer.

Encore qu'il paroisse que
nostre mauuaise conduite soit
la cause de nos malheurs, ils
viennent de plus haut ? & ceux

qui se consultent eux-mesmes,
n'ont pas besoin d'en chercher
de plus fidels tesmoins.

Nos crimes sont nos disgraces, & c'est vn sureroy de
malheur dans nos malheurs
de ne le croire pas.

Comme nos afflictions pro-
cedent de nos offences, puis
que celles-cy causent les autres, nos plaintes se doiuent
adresser à nous-mesmes plutost qu'au Ciel.

Il n'y a personne au monde
qui soit à l'abry des coups de
la fortune; mais ceux qui se
trouuent exposez à ses attaintes ne sont pas les plus malheureux s'ils ont le courage

de luy resister...

Tout le monde se plaint,
parce que personne ne se faict
raison: il faut se donner audience soy-mesme & s'escou-
ter à loisir pour sçauoir au
vray si nous auons sujet de
nous plaindre.

Celuy qui se plaint iniuste-
ment de ses malheurs, en augmente le nombre, sans esperance d'en voir iamais le soulagement.

Quand l'experience est inutile pour nostre consolation,
on la cherche inutilement.

Ie ne trouue pas malheu-
reux ceux qui le sont, s'ils ne
croyent l'estre, puis que l'opi-

nion que nous en auons, peut
preualoir fur le fentiment mefme qui nous en demeure.

Comme il ne nous arriue
rien par hazard, nous auons
tort de nous plaindre de la
fortune. Celuy qui cherche
foigneufement la caufe de fes
malheurs en foy-mefme, la
trouue toufiours.

Encore qu'on marche dans
vn mauuais chemin, on en
peut trouuer vn meilleur en
marchant toufiours, ce qui
doit feruir de confolation aux
malheureux auec d'autant plus
de raifon que le dernier pas
de leur courfe iuftifie ou condamne ceux qui l'ont deuancé,

Quand la necessité nous console, la consolation que nous en receuons faict voir noftre foibleffe plutoft que noftre courage, parce que la raifon la deuoit auoir deuancée.

Lors qu'on oublie fon deuoir il ne faut pas s'étonner fi la Iuftice nous en renouuelle la memoire, par la peyne qu'elle nous en impofe.

Les plaintes fecretes font permifes, parce qu'elles ont la difcretion de ne choquer perfonne.

Quand les plaintes publiques font injuftes, elles punif-fent celuy qui les faict par la honte qui luy en demeure.

Comme le sage regarde ses malheurs dans la volonté absoluë de celuy qui les y a enuoyez, il n'a point de peine à s'en consoler.

Puis que tout ce qui se faict dans le temps a esté concerté de toute eternité dans l'entendement de Dieu, les ordres en sont immuables, ce qui nous doit persuader la soufmission, plutost que la plainte.

Iamais les sages ne demandent grace à la necessité, parce qu'ils sçauent bien qu'elle n'en donne point.

Quand nous sommes reduicts

duits à mandier les consolations d'autruy, dans nos afflictions domestiques, nous faisons pitié par nostre foiblesse
plutost que par nostre malheur.

Il y a beaucoup plus de gloire que de honte de mourir
les armes à la main en com-
batant auec la fortune, puis
qu'elle est contrainte de par-
tager auec nous-mesmes les
couronnes de son triomphe.

Anibal força son vainqueur
à le couronner de ses propres
mains, en publiant qu'il deuoit
sa victoire à la fortune, puis
qu'elle seule luy en auoit donné le prix.

Comme le Calme produit neceſſairement la tempeſte, la meſme neceſſité ſe trouue dans vne vie delicieuſe puis qu'elle ſe termine à vn treſpas preci-pité.

Puis qu'il y a vn nombre infiny d'Aſtres qui verſent continuellement leurs mali-gnes influences icy-bas, il faut de neceſſité qu'il en tombe quelqu'vne ſur nos teſtes, ce qui nous perſuade la conſtan-ce à les ſouffrir plutoſt que l'étude à les euitter.

Quand la ſouſmiſſion aux volontez de Dieu fait la force de noſtre eſprit elle eſt inuin-cible, mais hors de ce fonde mét, les plus grands courages ne font remplis que de foiblesse.

Encore que le temps ayt esté crée, tout ce qui se fait dans son cercle a esté concerté auant les Siecles, ce qui nous oblige d'en subir les loix sans murmurer, puis qu'elles sont inuiolables.

Il ne faut iamais demander à Dieu que le bon vsage de la raison qu'il nous a donnée ; parce que comme elle nous sert & de guide & de flambeau tout à la fois, pour nous montrer le chemin de nostre deuoir, on ne sçauroit s'egarer à sa suitte.

Chacun a beau raisonner

dans son malheur, la soufmif-
fion en eft l'vnique foulagement, & la patience le souuerain remede.

Les fages ne s'amufent qu'à
acheuer leurs ouurages qu'il
filent en foye ou en laine tout
leur eft indiferent, il fufit qu'ils
employent vtilement leur iournée pour en eftre recompen-
fez.

La morale & la politique du
fage confiftent à l'vtile employ de fon temps, puis qu'il
n'eft heureux ou malheureux
que par le bon ou par le mauuais vfage qu'il en faict.

Comme le paffé n'eft plus
à nous, & que l'auenir eft in-

certain, il faut eſtre priué de
raiſon pour employer mal le
preſent.

Tout le monde cherche à
paſſer le temps, & quand il
eſt paſſé chacun ſe plaint de
ſa viteſſe, & le ſeul moyen de
l'arreſter c'eſt d'en faire vn bon
vſage, puis que le doux ſouuenir qui nous en demeure,
nous le rend toûjours preſent
auec plaiſir.

Ceux qui ſe laiſſent ſurprendre au temps ne ſont pas ex-
cuſables, parce qu'il les in-
ſtruit à toute heure & par
exemple, & par raiſon.

C'eſt vne fauſſe regle que
celle de l'âge pour la durée

de la vie , puis qu'on meurt en tout temps.

Quand on est couronné au premier pas de sa carriere , il est inutille de la franchir.

Comme l'on ne vit que pour mourir, & qu'on ne meurt dans le temps , que pour re-uiure dans l'eternité, il faut que nostre belle vie se confonde auec nostre belle mort, afin de trouuer dans nostre sepulture ce glorieux berçeau ou nostre ieunesse doit estre eternelle.

Vne vie sans reproche, est vne vie sans inquietude puis que l'innocence seule nous peut donner le repos.

Tous ceux qui cherchent leurs felicitez dansleurs plaisirs ne sont heureux qu'vn moment, puis que les contentemens du monde ne durent pas dauantage.

C'est estre bien malheureux de ne connoistre la fortune que par les faueurs qu'elle nous a faites, puis que ses disgraces infallibles doiuent bientost arriuer.

Le plus solide repos se tire de celuy de nostre concience.

L'homme de bien a cét auantage de voir du port où il est, la tourmente dont les meschants sont agitez.

Si l'on veut trouuer le

Paradis de la vie il le faut chercher dans son innocence.

Ie m'étonne que les mef-
chans ne se laſſent de leur
mauuaiſe vie, puis qu'elle les
afflige cõtinuellement, ſoit par
la memoire du paſſé, ſoit par
la crainte de l'auenir, & quoy
que le preſent les ſatisfaſſe
comme ils s'aprochent toûjours de leur ſuplice en s'a-
prochant du tombeau, l'horreur de tous les deux meſle ſon
amertume dans leurs plus pures
delices.

Quand on ſe repreſente
que tous les plaiſirs qu'on a
eus ſe ſont paſſez, que tous
ceux qu'on peut auoir encore

se passeront de mesme, il faut auoir l'esprit bien foible pour s'attacher à leur suitte puis qu'il ne nous en reste iamais qu'vn inutile repentir.

Lors que le temps nous fait sages plutôst que la raison, il y a plus de honte que de gloire.

Ceux qui resistent au temps n'en connoissent pas la force, le seul moyen de triompher de luy c'est de preuenir par vne aueugle soubsmission les loix qu'il nous impose, puis qu'elles sont inuialables.

C'est en vain qu'on prie & le destin & la necessité, ils ne sçauroient changer leurs ordres sans changer de nature.

Tout ce que nous faisons dans le temps regarde l'eternité, ou pour la recompense, ou pour la peine.

Comme chacun vit pour soy, chacun meurt pour soy-mesme. Ce qui nous doit obliger par vn sentiment d'amour propre, à bien viure pour bien mourir.

Tout le bonheur du Monde ne consiste qu'à franchir heureusement la carriere de la vie, puisque son dernier moment doit iustifier, ou condamner pour vne eternité, tous ceux qui l'auront deuancé.

Encore que la crainte de la mort soit naturelle cette crainte se modere par la raison, & cette raison est d'autant plus forte, que nostre vie est innocente.

Vn homme de probité a cét auantage sur tous les autres de s'approcher du tombeau auec plus de plaisir que d'inquietude, puis que l'esperance l'y conduit aussi bien que la necessité ; & les meschans y sont traisnez par la Iustice de mesme que par le temps.

Il faut toûjours se faire raison, & ne demander iamais conseil à ceux qui nous flat-

tent. La prouidence ne changera pas ſes ordres pour nous
contenter.

 Ceux qui penſent à la mort
tous les iours, ne ſont point
ſurpris à l'arriuée du dernier.

 Quelque belle que ſoit
l'hoſtellerie ou nous logeons
il la faut conſiderer comme
vn iardin ou l'on ſe promene
en attendant l'arriuée de la
nuit.

 Ce Monde eſt vn lieu de
promenade, ou chacun fait diuers tours pour ſi diuertir en
paſſant, puis qu'on n'y ſçauroit s'arreſter, & comme le
ſoleil de la vie eſt diferent de
celuy qui nous éclaire, on voit

souuent que sa courſe ſe termine en ſon orient ou en ſon
midy, puis qu'on meurt à tout
âge.

A quoy ſert le raiſonne-
ment où la raiſon eſt inutille,
il faut vouloir ce que Dieu
veut, puis que dans cette ſeule
ſouſmiſſion on peut trouuer
ſon repos.

Il eſt vray que chacun rai-
ſonne à ſa façon, mais les eſprits foibles doiuent prendre
conſeil des ſages, & s'inſtruire
par l'exemple auſſi bien que
par leurs preceptes; puis que
les leçons que nous prenons
par les yeux ne nous ſont pas
moins vtiles que celles qu'on

nous donne par les oreil-
les

Comme la sageſſe du Mon-
de n'eſt que folie, il faut que
chacun ſoit ſon precepteur; &
qu'il repete ſouuent en ſecret
les leçons qu'il aprend en public, puis que la reflection fait
les ſages.

Il ne faut iamais ſe flatter
où il y va de noſtre ſalut, vn
eſprit eclairé de la vraye lumiere ne met point au hazard
ce qu'il ne peut perdre qu'vne
fois.

Comme les malheurs qui
nous peuuent arriuer ſont ſans
nombre, on doit remercier
Dieu de tous ceux qui ne nous

arriuent pas, & auec d'autant
plus de raison que nous sommes aussi coupables que les
personnes que nous voyons
punir.

Encore que la passion de
la crainte soit innocente, il la
faut soufmettre aux loix de la
raison pour la iustifier deuant
le monde, puis qu'il est nostre
premier iuge.

Comme tout ce que nous
faisons dans le temps regarde
l'eternité, il faut qu'elle soit
toûjours l'vnique objet de nos
pensées & de nos actions, afin
de nous esloigner du tombeau
à mesure que nous en appro-
chons.

Ceux qui esperent les felicitez de l'autre vie, meprisent si fort les delices de celle-cy qu'ils attendent auec impatience l'heure de leur depart.

Comme la mort nous a separez de nos plus proches, c'est auoir peu d'amour pour eux que d'aprehender de les reuoir en changeant de demeure.

Encore que la crainte de la mort soit née auec nous, on peut mourir sans elle, quand on meurt sans reproche.

La belle vie a des priuileges, que toutes les autres vies n'ont pas : parce que celle-là fait elle mesme sa destinée,

&

& celle-cy subissent honteu-
sement les dures loix du temps
& de la nature.

La bonne vie est si diferente de la mauuaise , que l'vne
fait ressentir par auance
l'enfer qui la doit punir , &
l'autre le Paradis dont elle
doit estre recompensée.

Tout le monde cherche
les moyens de viure content ,
& personne ne les trouue ,
mais il ne faut pas s'en estonner, comme la terre est le pays
des malheureux toutes les felicitez y sont imaginaires.

Les riches ont beau sou-
tenir qu'ils sont heureux , ils
ne nous montrent la medaille

de leur bonne fortune que d'vn cofté, le reuers nous cache les foucis & les efpines dont ils ont le cœur remply, & l'ame attainte.

Comme le dernier iour de la vie en reprefente le deftin, il faut attendre fon arriuée, auant que de donner noftre iugement pour en connoiftre au vray ou le bonheur, ou le malheur.

Vne belle iournée voit coucher fon Soleil auec le mefme éclat qu'il s'eft leué, & c'eft ce qui fe rencontre fort rarement dans la vie, puis que la plus heureufe au premier pas de fa courfe, termine d'ordinaire malheureufement fa carierre.

On n'oferoit fe dire heureux icy bas, parce que comme la fortune eſtablit fon empire fur fa rouë, le calme dont nous iouyſſons eſt vn prefage infalible de la tempefte qui doit arriuer.

Alexandre fut heureux toute fa vie, parce qu'elle deuoit eſtre de courte durée : fi fa carierre euſt eſté de plus longue eſtenduë il euſt trouué au bout les efpines de toutes les rozes, dont la fortune l'auoit couronné.

Si Pompée fuſt mort auant la bataille de Pharfale, la veri

té luy auroit donné le titre de grand, que la flatterie a fait grauer sur sa sepulture.

Le temps est si auide à deuorer toutes choses qu'il trauaille au tombeau des plus superbes tombeaux en faisant perdre la memoire de la place seulement où ils ont esté bastis.

L'on a beau parler encore de Mausole & de son Mausolée, il sufit que l'Histoire en passe pour fable ; le temps est assez vengé d'auoir rendu imaginaire ce qui est veritable.

Comme l'empire de la nature est enfermé dans le cercle des aages, tous les liens

de la cher se rompent auec
ceux de la vie, & leur rupture est celle-là mesme du co-
merce que les sens auoient
auec toutes les choses perissables, puis qu'on en perd le
souuenir pour iamais.

Destors que l'ame entre dans
le sejour de l'eternité, en sortant hors de l'empire du temps,
elle ne se souuient que du bien
& du mal qu'elle a fait, puis
qu'elle en doit estre recompensée, ou punie éternellement.

Ceux qui trauaillent pour
acquerir la gloire du monde,
sont bien estonnez en mourant quand ils connoissent
qu'elle leur demeure en par-

tage puis qu'elle les accompagne dans le tombeau, sans passer au-delà.

C'est en vain qu'on fait de beaux desseins à la veille du depart, puis que le temps manque pour les executer, & de croire que la Iustice se satisfasse de la bonne volonté, les desirs paroissent inutiles, ou les effets sont necessaires.

La loy qui a rendu le iour de la mort incertain est fort iuste, parce qu'elle nous a voulu obliger à tenir toûjours le bon chemin, de peur que l'heure de nostre égarement, ne soit celuy-là mesme de nostre perte.

Le sage ne scauroit porter
dignement ce titre qu'en fai-
sant toûjours son deuoir ; ce
n'est pas que les plus parfaits
n'ayent leurs deffauts ; mais
comme ils les corrigent à toute heure le soing qu'ils y apor-
tent augmente l'eclat de leurs
perfections.

Quand on s'attache à la
suitte de la vertu, il ne faut
iamais luy fausser compagnie,
si l'on veut meriter ses couronnes, puis qu'elle ne les donne
iamais qu'au bout de la carriere.

Comme la recompense de la
vertu doit estre eternelle il la
faut aymer d'vn amour de

cette nature , ceux qui s'atta-
chent à sa suitte pour vn temps,
ne sont heureux qu'autant
qu'il dure , ils voyent la fin
de leur bonheur en voyant la
rupture de leur attache.

Celuy qui trouuoit à dire à
la mort des sages ne sçauoit
pas que leur belle vie deman-
doit continuellement au Ciel
la recompense de l'immortalité qui leur estoit deuë.

Encore que châque siecle
fasse naistre les grands hommes
qui luy doiuent seruir d'ornement , il faut de necessité qu'ils
passent auec luy , pour faire
place à ceux qui doiuent ve-
nir apres eux , mais pour laif-

fer des marques qui durent plus que le temps, ils viuent pour l'eternité.

Ce n'eſt pas ſans ſujet qu'on doutte encore lequel des deux auoit plus de raiſon, où Democrite, où Heraclite, celuy-cy en pleurant toûjours, & l'autre en riant ſans ceſſe; puis que le monde eſt vn theatre, ou l'on jouë continuellement des tragi - commedies pour auoir matiere & de rire, & de pleurer.

Encore que l'imagination nous puiſſe rendre heureux, puis qu'vn homme eſt contant quand il s'imagine de l'eſtre, il faut que la raiſon juſtifie

noſtre bonheur, ſi nous vou-
lons que nos felicitez ſoient
veritables.

Ce n'eſt pas aſſez d'eſtre
contant aujourd'huy, il faut
trauailler aux moyens de l'eſtre
toujours, & pour reüſir en ce
trauail on doit marcher dans
les voyes de la Iuſtice puis
qu'elle ſeule nous peut rendre heureux.

Tous les plaiſirs qui ne ſont
pas de durée changent de nous
en paſſant; & pour les rendre
éternels, il faut neceſſairement
que l'eternité en ſoit l'objet.

Ceux qui ſe diſent aujour-
d'huy heureux changeront demain de langage; comme nos

paſſions ne ſont iamais d'accord, leur diſcorde faict noſtre malheur en faiſant noſtre inquietude.

Comme c'eſt le propre de la nature de changer toûjours ; on doit chercher la verité dans cette vicitude continuelle, puis qu'on ne l'a peut trouuer ailleurs.

Tout ce qui ſubſiſte ici bas n'a pour fondement que ſa ruyne, & elle eſt d'autant plus infallible , qu'on ny connoiſt rien de plus veritable que celà meſme.

Ceux qui ſouhaitent vne longue vie ne ſçauent ce qu'ils deſirent ; parce que comme le temps passé n'est rien du tout, ils croiroient au bout de cent ans n'auoir vescu qu'vn iour ; & de la sorte leurs souhaits se renouelleroient de siecle en siecle.

La maniere de porter le fardeau de la vie le rend pesant ou leger.

C'est viure long-temps que de bien viure, vne belle mort est preferable à vne longue vie.

FIN.

Extraict du Priuilege du Roy.

LE Roy par ſes Lettres patentes a permis au ſieur PVGET DE LA SERRE,
Conſeiller en ſes Conſeils, & Hiſtoriographe de France, de faire imprimer, ven-
dre & debiter ſur toutes les terres de ſon
obeyſſance, vn Liure intitulé *l'Eſprit de
Seneque ou les plus belles penſées de ce grand
Philoſophe*, qu'il a tirées & choiſies de
toutes pour en compoſer ledit Liure; Et
ce pour le temps de neuf ans, auec defen-
ces à tous autres de l'imprimer, faire imprimer, contrefaire, ny extraire choſe au-
cune d'iceluy que quand le Priuilege porté
par icelles ſera expiré, à peine de mil liures
d'amende, confiſcation des Exemplaires,
deſpens, dommages & intereſts, ainſi qu'il
eſt porté plus à plain par leſdites lettres.
Donné à Paris le 15. iour de Septem-
bre 1656.